本書の特色と使い方

教科書の学習進度にあわせて，授業・宿題・予習・復習などに使えます

教科書のほぼすべての単元を掲載しています。今，学習している内容にあわせて授業用プリントとしてお使いいただけます。また，宿題や予習や復習用プリントとしてもお使いいただけます。

本書をコピー・印刷して教科書の内容をくりかえし練習できます

計算問題などは型分けした問題をしっかり学習したあと，いろいろな型を混合して出題しているので，学校での学習をくりかえし練習できます。

学校の先生方はコピーや印刷をして使えます。

「ふりかえり・たしかめ」や「まとめのテスト」で学習の定着をみることができます

「練習のページ」が終わったあと，「ふりかえり・たしかめ」や「まとめのテスト」をやってみましょう。

「ふりかえり・たしかめ」で，できなかったところは，もう一度「練習のページ」を復習しましょう。

「まとめのテスト」で，力だめしをしましょう。

「解答例」を参考に指導することができます

本書 p 84 ～「解答例」を掲載しております。まず，指導される方が問題を解き，本書の解答例も参考に解答を作成してください。

児童の多様な解き方や考え方に沿って答え合わせをお願いいたします。

2年①　目　次

6　水の　かさの　たんい

7　時こくと　時間

8　計算の　くふう

9　たし算と　ひき算の　ひっ算

10　長方形と　正方形

1 グラフと　ひょう
グラフと　ひょう (1)

① お楽しみ会で，あそびたい　場しょと　やりたい　あそびを
カードに　書きました。

校てい	体いくかん	校てい
おにごっこ	大なわ	ドッジボール
教室	校てい	体いくかん
げき	ドッジボール	おにごっこ
教室	校てい	教室
クイズ	おにごっこ	クイズ
体いくかん	校てい	教室
おにごっこ	ドッジボール	げき
校てい	校てい	教室
おにごっこ	おにごっこ	クイズ
校てい	教室	校てい
ドッジボール	クイズ	ドッジボール
体いくかん	体いくかん	校てい
大なわ	おにごっこ	おにごっこ

① お楽しみ会で，やりたい
あそびと　人数を　○を
つかって　グラフに
あらわしましょう。

お楽しみ会で　やりたい　あそびと　人数

ドッジボール	おにごっこ	げき	クイズ	大なわ

② グラフの　人数を，下の　ひょうに　あらわしましょう。

お楽しみ会で　やりたい　あそびと　人数

やりたい　あそび	ドッジボール	おにごっこ	げき	クイズ	大なわ
人数					

③ おにごっこを　やりたい　人は　何人ですか。

（　　　　　）

② ①で　かいた　カードの　「あそびたい　場しょ」に　ちゅう目して，
グラフや　ひょうに　あらわしましょう。

① 人数を　○を　つかって　右の
グラフに　あらわしましょう。

しらべたい　ことを　きめて，
グラフや　ひょうに　あらわすと
いいね。

② グラフの　人数を，下の　ひょうに
あらわしましょう。

お楽しみ会で　あそびたい　場しょと　人数

場しょ	教室	体いくかん	校てい
人数			

③ 人数が　いちばん　多い　場しょは　どこですか。

（　　　　　）

お楽しみ会で　あそびたい
場しょと　人数

教室	体いくかん	校てい

月　　日

1 グラフと　ひょう

グラフと　ひょう (2)

なまえ

● 2年1組《くみ》で，すきな　どうぶつを　しらべました。

① 人数《にんずう》を　○を　つかって
右の　グラフに　あらわしましょう。

すきな　どうぶつしらべ

うさぎ	犬	ねこ	パンダ	ライオン

② グラフの　人数を，下の　ひょうに
あらわしましょう。

すきな　どうぶつしらべ

どうぶつ	うさぎ	犬	ねこ	パンダ	ライオン
人数					

③ すきな　人が　いちばん　多《おお》い　どうぶつは　何《なん》ですか。

(　　　　　　)

④ うさぎが　すきな　人は　何人ですか。

(　　　　　　)

⑤ すきな　人の　数《かず》が　同《おな》じ　どうぶつは　何と　何ですか。

(　　　　　　)と(　　　　　　)

⑥ 犬が　すきな　人と　ライオンが　すきな　人では，どちらが　何人
多いですか。

(　　　　　　　　　　　　　　)

⑦ (　　)に「グラフ」か「ひょう」の　どちらか　合《あ》う　ほうを
書《か》きましょう。

(　　　　　　)に　あらわすと，人数の　多い　少《すく》ないが
わかりやすく，
(　　　　　　)に　あらわすと，人数が　わかりやすい。

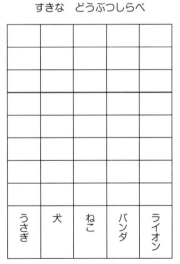

月　　日

1 グラフと　ひょう
グラフと　ひょう (3)

なまえ

● 下の　グラフと　ひょうを　見て，答《こた》えましょう。

すきな　くだものしらべ

			○	
○			○	
○			○	
○	○		○	
○	○	○	○	○
○	○	○	○	○
○	○	○	○	○
もも	りんご	みかん	いちご	ぶどう

すきな　くだものしらべ

くだもの	もも	りんご	みかん	いちご	ぶどう
人数《にんずう》	6	4	3	7	3

① すきな　人が　2ばんめに　多《おお》い　くだものは　何《なん》ですか。

(　　　　)

② いちごが　すきな　人は　りんごが　すきな　人より　何人　多いですか。

(　　　　)

③ ひろきさんは，上《うえ》の　グラフと　ひょうを　見て，つぎの　ように　話《はな》して　います。ひろきさんは　どんな　ところに　ちゅう目して　いますか。

㋐，㋑の　どちらか　合《あ》う　ほうに　○を　つけましょう。

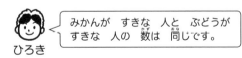

ひろき

みかんが　すきな　人と　ぶどうが　すきな　人の　数《かず》は　同《おな》じです。

㋐ (　　　)いちばん　少《すく》ない　ものに　ちゅう目して　いる。

㋑ (　　　)同じ　数の　ものに　ちゅう目して　いる。

月　　日

1 ふりかえり・たしかめ (1)
グラフと　ひょう

なまえ

● すきな　おやつを　１人　１つずつ　えらびました。

① 人数《にんずう》を　○を　つかって　下の　グラフに　あらわしましょう。

② 下の　ひょうに　人数を　書《か》きましょう。

すきな　おやつしらべ

カステラ	ドーナツ	プリン	だんご

すきな　おやつしらべ

おやつ	カステラ	ドーナツ	プリン	だんご
人数				

③ カステラが　すきな　人は　何人《なんにん》ですか。

(　　　　)

④ すきな　人が　いちばん　多《おお》い　おやつは　何ですか。

(　　　　)

⑤ だんごが　すきな　人は　ドーナツが　すきな　人より　何人多いですか。

(　　　　)

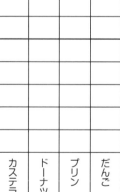

1 まとめのテスト
グラフと　ひょう

名前

【知識・技能】

1　すきな　食《た》べものを　１人　１つずつ　カードに書《か》きました。

ハンバーグ　カレーライス　ラーメン　からあげ
カレーライス　ハンバーグ　ラーメン　すし
ハンバーグ　すし　カレーライス　ハンバーグ
ラーメン　すし　ハンバーグ　ハンバーグ　すし
すし　カレーライス　ラーメン　ハンバーグ　すし
カレーライス　からあげ　ハンバーグ

①　人数《にんずう》を　○を　つかって　下の　グラフに　あらわしましょう。(15)

すきな　食べものしらべ

カレーライス	からあげ	ラーメン	ハンバーグ	すし

②　グラフの　人数を，下の　ひょうに　あらわしましょう。(15)

すきな　食べものしらべ

食べもの	カレーライス	からあげ	ラーメン	ハンバーグ	すし
人数					

③　ラーメンが　すきな　人は　何人《なんにん》ですか。(10)

(　　　　　)

④　すきな　人が　８人　いるのは　どの　食べものですか。(10)

(　　　　　)

【思考・判断・表現】

2　ゆう園地《えんち》で　すきな　のりものを　しらべて，右の　グラフに　あらわしました。

すきな　のりものしらべ

ゴーカート	ジェットコースター	メリーゴーランド	かんらん車
			○
○			○
○			○
○	○		○
○	○	○	○
○	○	○	○

①　すきな人が　２ばんめに　多い　のりものは　何ですか。(10)

(　　　　　)

②　すきな人が　２ばんめに　少《すく》ない　のりものは　何ですか。(10)

(　　　　　)

③　ゴーカートが　すきな　人と　かんらん車が　すきな　人では，どちらが　何人　多いですか。(10)

(　　　　　)

3　たつやさんと　ゆうかさんは　下の　グラフを　見て　話《はな》し合《あ》って　います。２人は，それぞれ　どんな　ところに　ちゅう目して　いますか。下の㋐～㋒から　えらんで　書きましょう。(10×2)

そだてたい　やさい

なす	トマト	きゅうり	ピーマン
	○		
○	○		
○	○		
○	○		○
○	○		○
○	○	○	○

たつや

トマトを　そだてたい　人が　いちばん　多いです。

(　　　　　)

ゆうか

なすを　そだてたい　人は　きゅうりを　そだてたい　人より　４人　多いです。

(　　　　　)

㋐　いちばん　多い　ものに　ちゅう目して　いる。
㋑　いちばん　少ない　ものに　ちゅう目して　いる。
㋒　数の　ちがいに　ちゅう目して　いる。

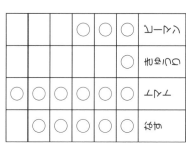

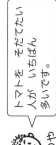

月　　日

2 たし算の　ひっ算

たし算　① (1)

なまえ

くりあがりなし

1 みわさんは　23円の　グミと　45円の　ラムネを　買《か》います。だい金は　いくらに　なりますか。

① しきを　書《か》きましょう。

□ ＋ □

② ①の　計算《けいさん》を　ひっ算で　します。□に　あてはまる数《かず》を書きましょう。

（十のくらい）（一のくらい）

	十のくらい	一のくらい
	2	3
+	4	5

くらいを　たてに　そろえて　書く。

➡

	2	3
+	4	5
		□

一のくらいの　計算

$3 + 5 =$ □

➡

	2	3
+	4	5
	□	8

十のくらいの　計算

$2 + 4 =$ □

③ 答《こた》えを　書きましょう。

$23 + 45 =$ □

	2	3
+	4	5
	□	□

答え □円

2 34 + 15を　ひっ算で　しましょう。

	3	4
+	1	5

月　　日

2 たし算の　ひっ算

たし算　① (2)

なまえ

くりあがりなし

① 12 + 26　② 33 + 51　③ 25 + 14

④ 41 + 36　⑤ 52 + 23　⑥ 32 + 14

⑦ 35 + 20　⑧ 16 + 10　⑨ 27 + 40

⑩ 60 + 18　⑪ 30 + 58　⑫ 50 + 41

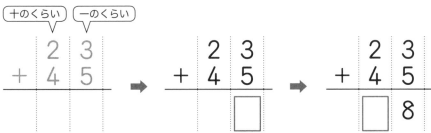

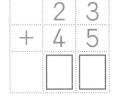

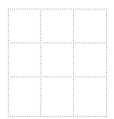

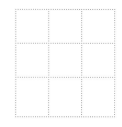

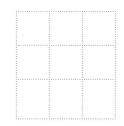

月　　日

2 たし算の　ひっ算

たし算　①（3）

なまえ

くり上がりなし

1　ひっ算《さん》で　しましょう。

① 23＋42　② 18＋31　③ 20＋37　④ 48＋50

⑤ 16＋22　⑥ 46＋12　⑦ 33＋21　⑧ 40＋28

⑨ 51＋14　⑩ 62＋10　⑪ 44＋11　⑫ 34＋52

トライ

2　（　　）に　あてはまる　数《かず》を　書《か》きましょう。

右の　ひっ算で，

「5」は（　　　）が５こ，「8」は（　　　）が８こ

ある　ことを　あらわして　います。

	3	7
＋	2	1
	5	8

月　　日

2 たし算の　ひっ算

たし算　①（4）

なまえ

くり上がりなし

① 32＋4　② 26＋2　③ 45＋3

④ 5＋22　⑤ 3＋54　⑥ 6＋73

⑦ 30＋7　⑧ 20＋9　⑨ 60＋5

⑩ 6＋70　⑪ 8＋50　⑫ 4＋90

月　日

2 たし算の　ひっ算

たし算 ① (5)

なまえ

くり上がりなし

① 8＋41　② 20＋35　③ 23＋42　④ 57＋10

⑤ 22＋5　⑥ 7＋90　⑦ 69＋30　⑧ 60＋9

⑨ 72＋14　⑩ 3＋65　⑪ 43＋3　⑫ 3＋80

⑬ 32＋14　⑭ 50＋4　⑮ 40＋27

月　日

2 たし算の　ひっ算

たし算 ② (1)

なまえ

くり上がりあり

1 赤い　色紙《いろがみ》が　46まい，青い　色紙が　28まい　あります。
色紙は，ぜんぶで　何《なん》まい　ありますか。

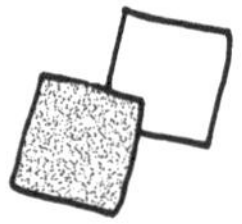

① しきを　書《か》きましょう。 □ ＋ □

② ①の　計算《けいさん》を　ひっ算で　しましょう。

十のくらい　一のくらい

	十のくらい	一のくらい
	4	6
＋	2	8

くらいを　たてに
そろえて　書く。

➡

	◯	
	4	6
＋	2	8
		□

一のくらいの　計算
6＋8＝□

➡

	1	
	4	6
＋	2	8
	□	4

十のくらいの　計算
1＋4＋2＝□

③ 答《こた》えを　書きましょう。

46＋28＝□

	◯	
	4	6
＋	2	8
	□	□

答え □ まい

2 17＋35を　ひっ算で　しましょう。

	◯	
	1	7
＋	3	5

くり上げた　1を　わすれないように　しよう。

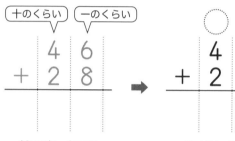

月　　日

2 たし算の　ひっ算

たし算 ②（2）

なまえ

くり上がりあり

① 18＋23　② 65＋19　③ 27＋26

④ 32＋49　⑤ 37＋29　⑥ 14＋48

⑦ 56＋16　⑧ 59＋33　⑨ 28＋36

⑩ 46＋47　⑪ 17＋45　⑫ 77＋14

月　　日

2 たし算の　ひっ算

たし算 ②（3）

なまえ

くり上がりあり

1 ひっ算《さん》で　しましょう。

① 52＋39　② 26＋35　③ 15＋18　④ 36＋47

⑤ 68＋14　⑥ 49＋45　⑦ 27＋55　⑧ 37＋18

2 おかしを　買《か》いに　行《い》き，ちがう　しゅるいの　おかしを　2つ　買います。（　　）に　あてはまる　ことばを　書《か》きましょう。

ミニドーナツ
52円

あめ
36円

ガム
15円

せんべい
47円

① あめと（　　　　　　　）を　1こずつ　買うと，だい金は　83円に　なります。

② 55円　もって　います。55円で　買えるくみあわせは，（　　　　　　　）と（　　　　　　　）です。

月　　日

2 たし算の　ひっ算

たし算　②（4）

なまえ

くり上がりあり

1　ひっ算《さん》で　しましょう。

① 34＋26　② 18＋62　③ 33＋57　④ 41＋29

⑤ 15＋25　⑥ 22＋48　⑦ 16＋44　⑧ 37＋13

トライ

2　貝がらひろいを　しました。

りくと	あおい	みずき	あや
23こ	56こ	37こ	14こ

① 2人　あわせて　60こに　なるのは，だれと　だれですか。

（　　　　）と（　　　　）

② 2人　あわせて　70こに　なるのは，だれと　だれですか。

（　　　　）と（　　　　）

月　　日

2 たし算の　ひっ算

たし算　②（5）

なまえ

くり上がりあり

1　① 63＋8　② 28＋5　③ 46＋9　④ 55＋7

⑤ 6＋36　⑥ 4＋18　⑦ 8＋77　⑧ 3＋59

⑨ 37＋3　⑩ 76＋4　⑪ 9＋51　⑫ 5＋45

トライ

2　□に　数字《すうじ》を　入れ，正しい　ひっ算を　つくりましょう。

①

　 4 7
＋ 　□
―――
　 5 2

②

　 6 □
＋ 　8
―――
　 □ 7

③

　 　□
＋ 3 8
―――
　 □ 4

月　　日

2 たし算の　ひっ算

たし算　②（6）

なまえ

くり上がりあり

1　ひっ算《さん》で　しましょう。

① 15＋38　② 44＋26　③ 59＋17　④ 73＋8

⑤ 71＋9　⑥ 26＋46　⑦ 18＋12　⑧ 21＋69

⑨ 36＋29　⑩ 22＋19　⑪ 6＋57　⑫ 5＋35

2　うんどう場《じょう》で　子どもが　25人　あそんで　います。　そこへ　7人　きました。　みんなで　何人《なんにん》に　なりましたか。

しき

答《こた》え

月　　日

2 たし算の　ひっ算

たし算　②（7）

なまえ

くり上がりあり

1　ひっ算《さん》で　しましょう。

① 23＋48　② 3＋87　③ 72＋9　④ 8＋35

⑤ 76＋4　⑥ 47＋13　⑦ 6＋26　⑧ 58＋2

⑨ 25＋15　⑩ 39＋4　⑪ 36＋17　⑫ 9＋11

2　2年1組《くみ》は　36人，2年2組は　35人です。2年生は，あわせて　何人《なんにん》ですか。

しき

答え

月　　日

2 たし算の　ひっ算

たし算　②（8）

なまえ

くり上がりなし・あり

1 ひっ算《さん》で　しましょう。

① 34 + 49　② 23 + 16　③ 53 + 30　④ 5 + 90

⑤ 74 + 16　⑥ 25 + 42　⑦ 36 + 29　⑧ 47 + 5

⑨ 32 + 8　⑩ 56 + 17　⑪ 67 + 2　⑫ 6 + 49

2 はるきさんは　本を　きのうは　28ページ，今日《きょう》は　32ページ　読《よ》みました。あわせて　何《なん》ページ　読みましたか。

しき

答《こた》え

月　　日

2 たし算の　ひっ算

たし算　②（9）

なまえ

くり上がりなし・あり

1 ひっ算《さん》で　しましょう。

① 35 + 8　② 59 + 15　③ 43 + 17　④ 31 + 36

⑤ 39 + 42　⑥ 20 + 49　⑦ 8 + 62　⑧ 46 + 32

⑨ 4 + 52　⑩ 28 + 15　⑪ 60 + 3　⑫ 79 + 5

2 りんごが　16こ　あります。　今日《きょう》　42こ　買《か》いました。りんごは，ぜんぶで　何《なん》こに　なりましたか。

しき

答え

月　　日

2 たし算の　ひっ算

たし算　②（10）

なまえ

くり上がりなし・あり

□1 ひっ算《さん》で　しましょう。

① 52＋6　② 47＋26　③ 5＋57　④ 45＋40

⑤ 73＋8　⑥ 24＋31　⑦ 35＋45　⑧ 60＋9

⑨ 2＋50　⑩ 30＋69　⑪ 89＋3　⑫ 7＋72

□2 56円の　ビスケットと　26円の　あめを
買《か》います。だい金は　いくらに　なりますか。

しき

答《こた》え

月　　日

2 たし算の　ひっ算

たし算　②（11）

なまえ

くり上がりなし・あり

□1 ひっ算《さん》で　しましょう。

① 4＋78　② 7＋21　③ 16＋59　④ 52＋17

⑤ 14＋6　⑥ 36＋14　⑦ 60＋17　⑧ 28＋8

⑨ 34＋10　⑩ 6＋45　⑪ 9＋80　⑫ 36＋2

□2 ももかさんは　クッキーを　47まい　やきました。
お姉《ねえ》さんは　ももかさんより　5まい　多《おお》く　やきました。
お姉さんは，　クッキーを　何《なん》まい　やきましたか。

しき

答え

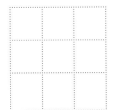

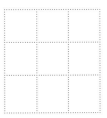

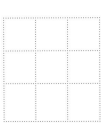

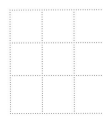

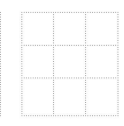

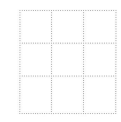

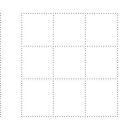

月　日

2 たし算の　ひっ算
たし算の　きまり（1）

なまえ

● ジュースは，ぜんぶで　何本《なんぼん》　ありますか。

りんごジュース
13本

ぶどうジュース
18本

① 下の　図《ず》の　（　　　）に，数《かず》を　書《か》きましょう。

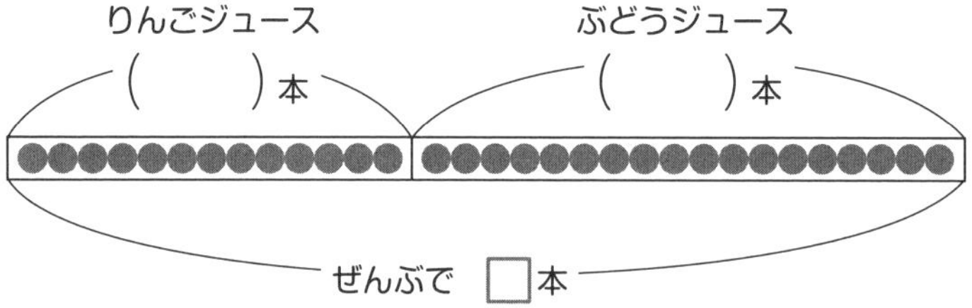

② けんたさんは　りんごジュースの　数に　ぶどうジュースの　数を　たしました。　けんたさんの　考《かんが》えを　しきに　書いて，答《こた》えを　もとめましょう。

しき

答《こた》え＿＿＿＿＿＿＿＿

③ りなさんは　ぶどうジュースの　数に　りんごジュースの　数を　たしました。　りなさんの　考えを　しきに　書いて，答えを　もとめましょう。

しき

答え＿＿＿＿＿＿＿＿

たされる数と　たす数を　入れかえて　計算しても，答えは　同じだね。

月　日

2 たし算の　ひっ算
たし算の　きまり（2）

なまえ

1 つぎの　計算《けいさん》を　ひっ算で　しましょう。　また，たされる数《かず》と　たす数を　入れかえて　計算して，答えが　同《おな》じに　なる　ことを　たしかめましょう。

① 25＋38　　② 19＋22

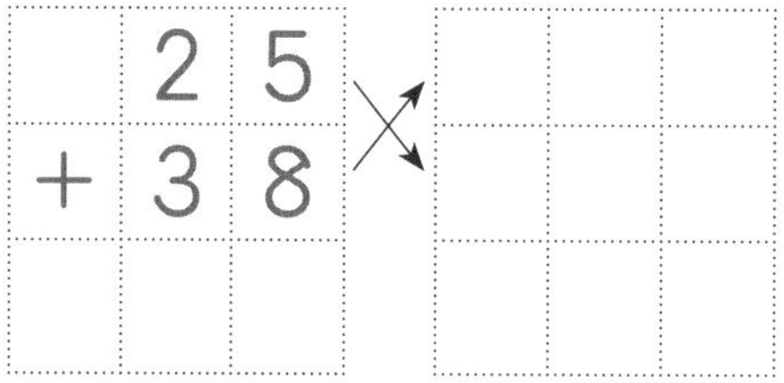

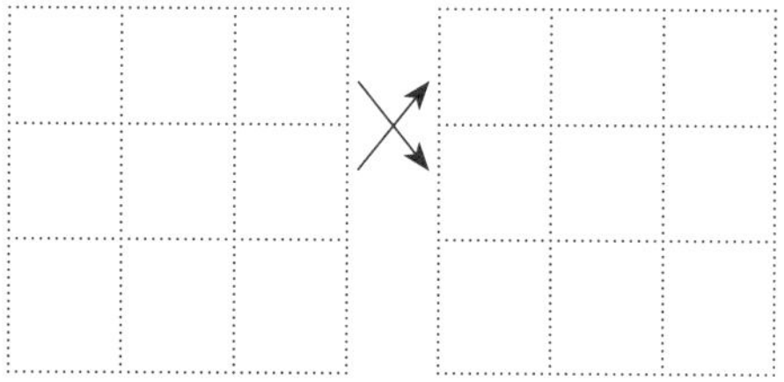

2 計算しなくても，答えが　同じに　なる　ことが　わかる　しきを　見つけて，線《せん》で　むすびましょう。

	・ 12＋28
42＋30 ・	・ 66＋17
17＋66 ・	・ 5＋39
39＋5 ・	・ 30＋42
28＋12 ・	・ 39＋12
9＋59 ・	・ 59＋9

2 ふりかえり・たしかめ (1)

たし算の　ひっ算

なまえ

1　ひっ算《さん》で　しましょう。

① 3＋90　② 27＋32　③ 58＋16　④ 40＋7

⑤ 63＋5　⑥ 8＋72　⑦ 45＋20　⑧ 4＋19

2　本だなに，絵本《えほん》が　22 さつ，図《ず》かんが　12 さつ　あります。本は，　ぜんぶで　何《なん》さつ　ありますか。

しき

答《こた》え

3　つぎの　ひっ算の　まちがいを　見つけて，正しく　計算《けいさん》しましょう。

① 46＋3

	4	6
＋	3	
	7	6

➡

② 35＋18

	3	5
＋	1	8
	4	3

➡

2 ふりかえり・たしかめ (2)

たし算の　ひっ算

なまえ

1　ひっ算《さん》で　しましょう。

① 37＋39　② 14＋26　③ 30＋21　④ 67＋3

⑤ 14＋53　⑥ 6＋47　⑦ 23＋68　⑧ 17＋9

2　あつとさんは　8 才《さい》です。お父《とう》さんは，あつとさんより　35 才年上です。お父さんは，何才ですか。

しき

答え

3　答えが　60 より　大きく　なる　しきは　どれと　どれですか。

㋐ 12＋53　㋑ 26＋28　㋒ 40＋19　㋓ 37＋24

(　　　　)，(　　　　)

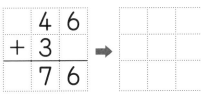

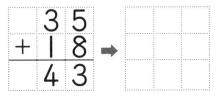

月　　日

2 ふりかえり・たしかめ (3)

たし算の　ひっ算

なまえ

1 計算《けいさん》を　しなくても　答《こた》えが　同《おな》じに　なる　しきを　見つけて，線《せん》で　むすびましょう。また，(　　)に　あてはまる　ことばを　書《か》きましょう。

66 + 29	33 + 25	41 + 39	57 + 14
39 + 41	29 + 66	14 + 57	25 + 33

たされる数《かず》と　たす数を　入れかえて　計算しても，

答えは(　　　　)に　なる。

2 つぎの　2つを　買《か》うと，だい金は　いくらに　なりますか。

① 57円の　のりと　35円の　けしゴム

しき

答《こた》え ________

② 82円の　えんぴつキャップと　8円の　クリップ

しき

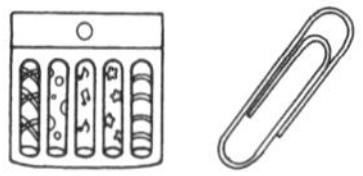

答え ________

月　　日

2 チャレンジ

たし算の　ひっ算

なまえ

● 1から　9までの　カードが　1まいずつ　あります。

1 2 3 4 5 6 7 8 9

この　中から　6まいを　えらんで，たし算《ざん》の　ひっ算を　つくります。□に　あてはまる　数《かず》を　書《か》きましょう。

①

	3	□
+	□	5
	9	7

②

	□	4
+	5	□
	□	6

③

	□	□
+	□	6
	5	9

または

	□	□
+	□	6
	5	9

④

	□	8
+	2	□
	6	5

⑤

	4	□
+	□	3
	7	□

⑥

	□	□
+	7	□
	□	2

または

	□	□
+	7	□
	□	2

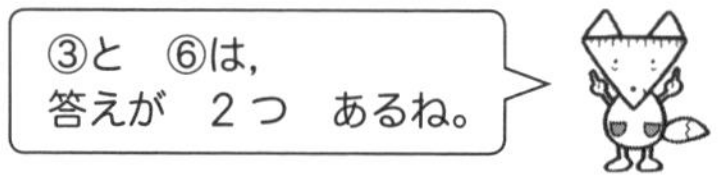

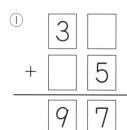

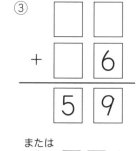

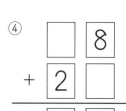

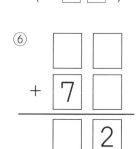

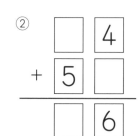

2 まとめのテスト
たし算の　ひっ算

なまえ

【知識・技能】

1 ひっ算《さん》で　しましょう。(5 × 10)

① 51 + 22　　② 63 + 30

③ 7 + 12　　④ 70 + 9

⑤ 48 + 35　　⑥ 23 + 37

⑦ 56 + 8　　⑧ 5 + 37

⑨ 18 + 4　　⑩ 6 + 85

【思考・判断・表現】

2 バスに　13人　のって　います。　つぎの　バスていで，8人　のって　きました。バスに　のって　いる　人は，何人《なんにん》に　なりましたか。(5 × 2)

しき

答《こた》え

3 36円の　キャラメルと　42円の　チョコレートを　買《か》います。だい金は　いくらに　なりますか。(5 × 2)

しき

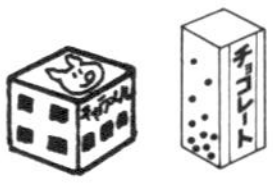

答え

4 まいさんは，シールを　54まい　もって　います。お姉《ねえ》さんから　19まい　もらいました。シールは，ぜんぶで　何まいに　なりましたか。(5 × 2)

しき

答え

5 たくとさんは，きのう　なわとびを　26回《かい》　とびました。今日《きょう》は，きのうより　14回　多《おお》く　とびました。今日は，なわとびを　何回　とびましたか。(5 × 2)

しき

答え

6 プリンが　22こ，ゼリーが　20こ　あります。　あわせて　何こに　なりますか。(5 × 2)

しき

答え

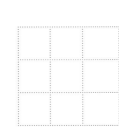

月　日

3 ひき算の　ひっ算

ひき算　①（1）

なまえ

くり下がりなし

□1 いちごが　48こ　あります。12こ　食《た》べました。のこりの　いちごは　何《なん》こですか。

① しきを　書《か》きましょう。

□ － □

② ①の　計算《けいさん》を　ひっ算で　しましょう。

	十のくらい	一のくらい
	4	8
－	1	2

くらいを　たてに　そろえて　書く。

➡

	4	8
－	1	2
		□

一のくらいの　計算

8 － 2 ＝ □

➡

	4	8
－	1	2
	□	6

十のくらいの　計算

4 － 1 ＝ □

③ 答《こた》えを　書きましょう。

48 － 12 ＝ □

	4	8
－	1	2
	□	□

答え □ こ

□2 65 － 14を　ひっ算で　しましょう。

	6	5
－	1	4

たし算と　同《おな》じように　くらいごとに　計算すると　いいね。

月　日

3 ひき算の　ひっ算

ひき算　①（2）

なまえ

くり下がりなし

① 59 － 14

② 36 － 21

③ 87 － 35

④ 43 － 11

⑤ 75 － 22

⑥ 68 － 42

⑦ 57 － 33

⑧ 29 － 11

⑨ 47 － 24

⑩ 82 － 51

⑪ 95 － 62

⑫ 38 － 16

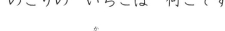

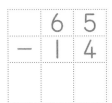

月　日

3 ひき算の　ひっ算

ひき算 ① (3)

なまえ

くり下がりなし

1 ひっ算《さん》で　しましょう。

① 46 − 23　② 89 − 15　③ 52 − 31　④ 63 − 12

⑤ 36 − 22　⑥ 57 − 32　⑦ 49 − 16　⑧ 85 − 44

⑨ 74 − 42　⑩ 66 − 53　⑪ 39 − 14　⑫ 23 − 11

トライ

2 (　　) に　あてはまる　数《かず》を　書《か》きましょう。

右の　ひっ算で，

「6」は (　　　) が 6 こ，「2」は (　　　) が 2 こ

ある　ことを　あらわして　います。

	9	7
−	3	5
	6	2

月　日

3 ひき算の　ひっ算

ひき算 ① (4)

なまえ

くり下がりなし

1 ① 43 − 23　② 57 − 51　③ 76 − 30

④ 38 − 6　⑤ 24 − 4　⑥ 69 − 29

⑦ 34 − 32　⑧ 86 − 2

トライ

2 1，4，6 の　カードが　1 まいずつ　あります。計算が　正しく　なるように，□の　中に　カードを　入れましょう。

①

	□	□
−		5
	4	□

②

	□	□
−	6	□
		3

③

	□	1
−	□	□
	2	0

月　　日

3 ひき算の　ひっ算

ひき算　①（5）

なまえ

くり下がりなし

① 34 − 13　② 65 − 35　③ 49 − 31　④ 54 − 2

⑤ 46 − 42　⑥ 58 − 22　⑦ 76 − 6　⑧ 95 − 30

⑨ 73 − 23　⑩ 28 − 6　⑪ 41 − 10　⑫ 62 − 51

⑬ 92 − 2　⑭ 78 − 71　⑮ 86 − 44

月　　日

3 ひき算の　ひっ算

ひき算　②（1）

なまえ

くり下がりあり

1 なつきさんは　あめを　56こ　もって　います。　弟《おとうと》に　17こ　あげました。　のこりの　あめは　何《なん》こですか。

① しきを　書《か》きましょう。　□ − □

② ①の　計算《けいさん》を　ひっ算で　しましょう。

	十のくらい	一のくらい
	5	6
−	1	7

くらいを　たてに　そろえて　書く。

➡

	○	10
	~~5~~	6
−	1	7
		□

一のくらいの　計算
6から　7は　ひけないので，
十のくらいから　1　くり下げる。
16 − 7 = □

➡

	④	
	~~5~~	6
−	1	7
	□	9

十のくらいの　計算
1　くり下げたので　4
4 − 1 = □

③ 答《こた》えを　書きましょう。

56 − 17 = □

	○	
	5	6
−	1	7
	□	□

答え　□こ

2 62 − 38を　ひっ算で　しましょう。

	○	
	6	2
−	3	8

十のくらいから　1　くり下げると　いいね。

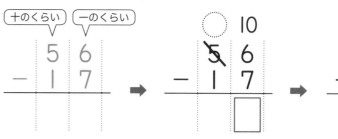

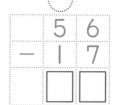

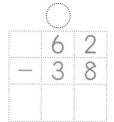

月　　日

3 ひき算の　ひっ算

ひき算　② (2)

なまえ

くり下がりあり

① 41 − 18　　② 32 − 15　　③ 83 − 36

④ 74 − 45　　⑤ 56 − 29　　⑥ 43 − 25

⑦ 66 − 38　　⑧ 91 − 52　　⑨ 38 − 19

⑩ 52 − 26　　⑪ 84 − 37　　⑫ 72 − 48

月　　日

3 ひき算の　ひっ算

ひき算　② (3)

なまえ

くり下がりあり

1 ひっ算《さん》で　しましょう。

① 82 − 27　　② 48 − 29　　③ 61 − 15　　④ 33 − 14

⑤ 93 − 57　　⑥ 75 − 48　　⑦ 55 − 39　　⑧ 31 − 19

トライ

2 つぎの　ひっ算の　まちがいを　見つけて，正しく　計算《けいさん》しましょう。
また，まちがいの　わけを　㋐，㋑から　えらんで　書《か》きましょう。

① 35 − 16

	3	5
−	1	6
	2	9

➡

わけ（　　　　）

② 53 − 17

	5	3
−	1	7
	4	4

➡

わけ（　　　　）

㋐ 一のくらいで，下の　数《かず》から　上の　数を　ひいて　いる。

㋑ くり下がりを　わすれて　いる。

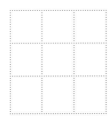

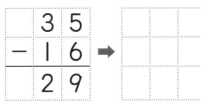

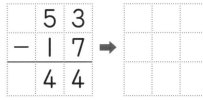

月　　日

3 ひき算の　ひっ算

ひき算　②（4）

なまえ

くり下がりあり

□1 ひっ算《さん》で　しましょう。

① 50 − 23　② 90 − 45　③ 70 − 38　④ 40 − 16

⑤ 32 − 29　⑥ 64 − 56　⑦ 80 − 74　⑧ 50 − 49

トライ

□2 80円で，下の　おかしを　１こ　買《か》います。つぎの　ものを　買うと，のこりは　いくらですか。

ゼリー
52円

わたがし
25円

あめ
63円

チョコレート
78円

① いちばん　高《たか》い　おかし

しき

答《こた》え

② いちばん　やすい　おかし

しき

答え

月　　日

3 ひき算の　ひっ算

ひき算　②（5）

なまえ

くり下がりあり

□1 ひっ算《さん》で　しましょう。

① 62 − 8　② 45 − 9　③ 33 − 4　④ 81 − 6

⑤ 54 − 7　⑥ 77 − 8　⑦ 40 − 3　⑧ 90 − 9

⑨ 60 − 5　⑩ 30 − 2　⑪ 70 − 6　⑫ 80 − 4

トライ

□2 □に　数字《すうじ》を　入れ，正しい　ひっ算を　つくりましょう。

①
```
   9 □
 −   6
 ─────
   8 6
```

②
```
   □ 0
 −   9
 ─────
   4 1
```

③
```
   □ 0
 −   7
 ─────
   6 3
```

月　　日

3 ひき算の　ひっ算

ひき算　②（6）

なまえ

くり下がりあり

[1] ひっ算《さん》で　しましょう。

① 73－28　② 40－14　③ 61－36　④ 50－48

⑤ 94－6　⑥ 70－2　⑦ 72－9　⑧ 32－17

⑨ 80－77　⑩ 54－19　⑪ 90－5　⑫ 60－36

[2] あゆみさんは，83円　もって　います。67円の　えんぴつを　買《か》います。のこりは　いくらですか。

しき

答《こた》え

月　　日

3 ひき算の　ひっ算

ひき算　②（7）

なまえ

くり下がりあり

[1] ひっ算《さん》で　しましょう。

① 60－21　② 41－27　③ 72－7　④ 40－4

⑤ 30－28　⑥ 50－5　⑦ 42－39　⑧ 65－6

⑨ 52－44　⑩ 86－59　⑪ 70－66　⑫ 90－72

[2] 教室《きょうしつ》に　子どもが　20人　います。9人　帰《かえ》りました。のこって　いる　子どもは　何人《なんにん》ですか。

しき

答え

月　　日

3 ひき算の　ひっ算

ひき算　②（8）

なまえ

くり下がりなし・あり

1　ひっ算《さん》で　しましょう。

① 86 − 25　② 53 − 46　③ 67 − 30　④ 31 − 16

⑤ 50 − 4　⑥ 42 − 12　⑦ 46 − 41　⑧ 70 − 23

⑨ 60 − 52　⑩ 59 − 3　⑪ 37 − 9　⑫ 24 − 4

2　1 年生は　96 人，2 年生は　71 人です。
どちらが　何人《なんにん》　多《おお》いですか。

しき

答《こた》え

月　　日

3 ひき算の　ひっ算

ひき算　②（9）

なまえ

くり下がりなし・あり

1　ひっ算《さん》で　しましょう。

① 72 − 70　② 80 − 71　③ 57 − 47　④ 43 − 3

⑤ 93 − 88　⑥ 63 − 12　⑦ 40 − 16　⑧ 63 − 7

⑨ 58 − 52　⑩ 82 − 54　⑪ 36 − 2　⑫ 90 − 6

2　赤い　花と　白い　花が　あわせて　45 本　さいて　います。
そのうち　赤い　花は　28 本です。白い　花は　何本《なんぼん》　さいて
いますか。

しき

答え

月　日

3 ひき算の　ひっ算

ひき算 ② (10)

なまえ

くり下がりなし・あり

1 ひっ算《さん》で　しましょう。

① 56 − 16　② 60 − 54　③ 37 − 34　④ 66 − 8

⑤ 81 − 73　⑥ 96 − 35　⑦ 43 − 14　⑧ 77 − 2

⑨ 30 − 3　⑩ 64 − 60　⑪ 89 − 9　⑫ 50 − 33

2 ぜんぶで　82 ページの　本が　あります。　今日《きょう》までに
26 ページ　読《よ》みました。　のこりは　何《なん》ページですか。

しき

答《こた》え

月　日

3 ひき算の　ひっ算

ひき算 ② (11)

なまえ

くり下がりなし・あり

1 ひっ算《さん》で　しましょう。

① 40 − 32　② 62 − 2　③ 82 − 35　④ 96 − 5

⑤ 47 − 40　⑥ 91 − 86　⑦ 58 − 56　⑧ 70 − 6

⑨ 74 − 12　⑩ 38 − 28　⑪ 60 − 27　⑫ 54 − 9

2 クッキーが　50 まい　あります。7 まい
食《た》べると，のこりは　何《なん》まいに　なりますか。

しき

答え

3 ひき算の　ひっ算

ひき算の　きまり (1)

なまえ

1 ともやさんの　学校の　体いくかんには，ボールが　ぜんぶで　32こ　あります。今《いま》，かごに　13こ　のこって　います。つかって　いる　ボールは　何《なん》こですか。

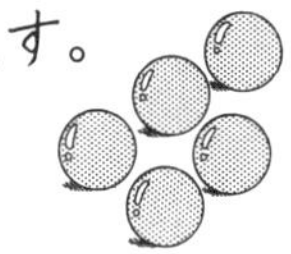

① 下の　図《ず》の（　　　）に，数《かず》を　書《か》きましょう。

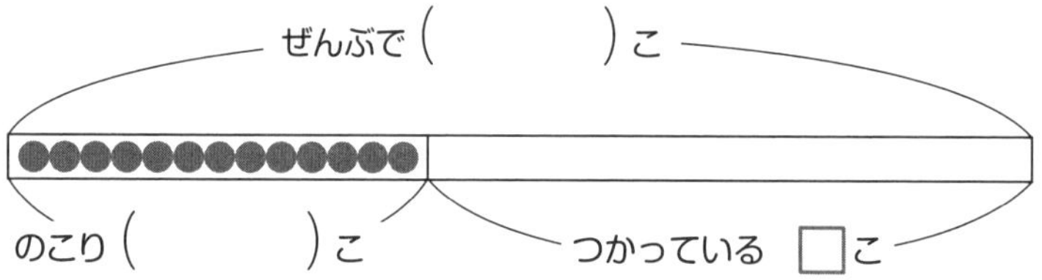

② しきを　書いて，答《こた》えを　もとめましょう。

ひっ算《さん》

しき

答《こた》え

③ ひき算の　答えに　ひく数を　たして，答えの　たしかめを　しましょう。

たしかめ

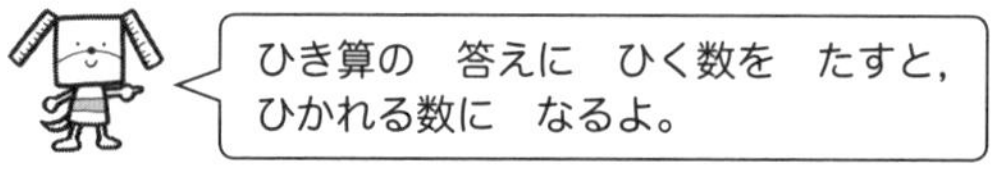

2 54－26を　ひっ算で　しましょう。
また，ひき算の　答えを　たし算で　たしかめましょう。

ひかれる数 …………		5	4				
ひく数 ………………	－	2	6		+		
答え …………………							

3 ひき算の　ひっ算

ひき算の　きまり (2)

なまえ

1 つぎの　ひき算《ざん》を　ひっ算で　しましょう。また，たし算を　して　答《こた》えを　たしかめましょう。

① 62－35　　たしかめ

② 40－18　　たしかめ

③ 37－9　　たしかめ

④ 85－67　　たしかめ

2 下の　ひき算の　答えの　たしかめに　なる　たし算の　しきを　右から　えらんで　線《せん》で　むすびましょう。

72－38 •	• 9＋82
	• 34＋56
56－9 •	
	• 34＋38
91－82 •	• 47＋9

月　　日

3 ふりかえり・たしかめ (1)

ひき算の　ひっ算

なまえ

1 ひっ算《さん》で　しましょう。

① 68 − 42　② 33 − 29　③ 75 − 30　④ 47 − 7

⑤ 51 − 16　⑥ 70 − 34　⑦ 22 − 5　⑧ 90 − 3

2 かごに　みかんが　26こ，りんごが　15こ　入って　います。どちらが　何《なん》こ　多《おお》いですか。

しき

答《こた》え

3 計算《けいさん》プリントが　32まい　あります。朝《あさ》に　8まい　やりました。　のこりは　何まいですか。

しき

答え

月　　日

3 ふりかえり・たしかめ (2)

ひき算の　ひっ算

なまえ

1 ひっ算《さん》で　しましょう。

① 54 − 13　② 82 − 80　③ 46 − 26　④ 96 − 2

⑤ 63 − 49　⑥ 37 − 29　⑦ 50 − 41　⑧ 24 − 8

2 つぎの　ひっ算の　まちがいを　見つけて，正しく　計算《けいさん》しましょう。

① 53 − 27

	5	3
−	2	7
	3	4

② 71 − 52

	7	1
−	5	2
	2	9

③ 92 − 6

	9	2
−	6	
	3	2

④ 30 − 14

	3	0
−	1	4
	2	4

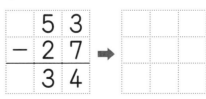

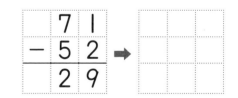

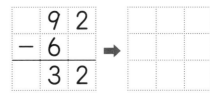

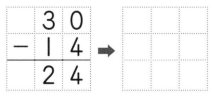

3 ふりかえり・たしかめ (3)

ひき算の　ひっ算

なまえ

1 ひき算《さん》の　答《こた》えの　たしかめに　なる　たし算の　しきは どれですか。　線《せん》で　むすびましょう。

69 − 27	40 − 6	83 − 54	35 − 10
・	・	・	・
・	・	・	・
34 + 6	25 + 10	42 + 27	29 + 54

2 下の　絵《え》を　見て　答えましょう。

クッキー 27円　ドーナツ 58円　ジュース 66円　ヨーグルト 35円

① 35円の　ヨーグルトを　1こ　買《か》って，50円玉で　はらいます。 おつりは　いくらですか。

しき

答《こた》え ＿＿＿＿＿＿

② 90円で，27円の　クッキーと，上の　どれか　1つを　買います。 どれが　買えますか。すべて　えらんで，(　　)に　書きましょう。

(　　　　　　　　　　　　　)

3 チャレンジ

ひき算の　ひっ算

なまえ

● 1から　9までの　カードが　1まいずつ　あります。

1 2 3 4 5 6 7 8 9

この　中から　6まいを　えらんで，ひき算《さん》の　ひっ算を つくります。　□に　あてはまる　数《かず》を　書《か》きましょう。

①

	□	5
−	4	□
	□	8

②

	□	8
−	□	□
	2	5

③

	□	□
−	3	□
	□	7

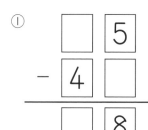

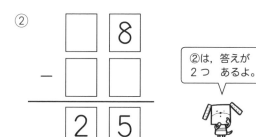

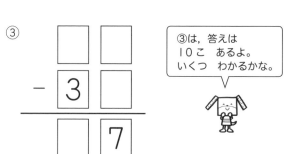

月　日

3 まとめのテスト
ひき算の　ひっ算

なまえ

【知識・技能】

1　ひっ算《さん》で　しましょう。(5 × 10)

① 87 − 42　② 38 − 31

③ 54 − 50　④ 96 − 90

⑤ 69 − 6　⑥ 72 − 18

⑦ 40 − 31　⑧ 23 − 7

⑨ 60 − 3　⑩ 45 − 17

【思考・判断・表現】

2　公園《こうえん》で　子どもが　32人　あそんで　います。　そのうち　おにごっこを　して　いる　子どもは　13人です。　おにごっこを　して　いない　子どもは　何人《なんにん》ですか。(5 × 2)

しき

答《こた》え

3　さくらんぼが　26こ　あります。6こ　食べると，のこりは　何こに　なりますか。(5 × 2)

しき

答え

4　80円で，42円の　きゅうりを　1本　買《か》います。のこりは　いくらですか。(5 × 2)

しき

答え

5　玉入れで，赤組《あかぐみ》は　76こ，白組は　60こ　入りました。　どちらが　何こ　多《おお》く　入りましたか。(5 × 2)

しき

答え

6　なわとびで，きのうは　48回《かい》，今日《きょう》は　53回　とびました。今日は，きのうより　何回　多くとびましたか。(5 × 2)

しき

答え

月　　日

どんな計算になるのかな？
どんな計算になるのかな？（1）

なまえ

1　いちごケーキが　23こ，チョコレートケーキが　15こ　あります。ケーキは　ぜんぶで　何《なん》こ　ありますか。

しき

答《こた》え

2　メロンパンは　1こ　94円です。あんパンは，メロンパンより　6円　やすいです。あんパンは　いくらですか。

しき

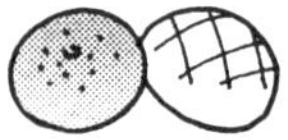

答え

3　ひなたさんの　クラスには，本が　ぜんぶで　58さつ　あります。今《いま》，かし出し中の　本は　36さつです。クラスに　のこって　いる　本は，何さつですか。

しき

答え

月　　日

どんな計算になるのかな？
どんな計算になるのかな？（2）

なまえ

1　6人の　子どもが，1人　1こずつ　ボールを　つかって　あそんで　います。ボールは，かごの　中に　あと　18こ　あります。ボールは，ぜんぶで　何《なん》こ　ありますか。

しき

答《こた》え

2　たいちさんは　魚《さかな》を　14ひき，お父《とう》さんは　25ひき　つりました。どちらが　何びき　多《おお》く　つりましたか。

しき

答え

3　電車《でんしゃ》に　67人　のって　います。　つぎの　えきで，13人　のって　きました。　電車に　のって　いる　人は，ぜんぶで　何人に　なりましたか。

しき

答え

月　　日

どんな計算になるのかな？

どんな計算になるのかな？（3）

なまえ

1 ノートが　50さつ　あります。　1人に　1さつずつ，33人の子どもに　くばりました。　のこりの　ノートは　何《なん》さつですか。

しき

答《こた》え

2 きのう，　トマトが　26こ　とれました。　今日《きょう》は，きのうより　8こ　多《おお》く　とれました。　今日は，トマトが何こ　とれましたか。

しき

答え

3 水そうに　メダカが　39ひき　います。　メダカの　赤ちゃんが10ぴき　生まれました。　メダカは，ぜんぶで　何びきになりましたか。

しき

答え

月　　日

どんな計算になるのかな？

どんな計算になるのかな？（4）

なまえ

1 45円の　えんぴつと　37円の　けしゴムを　買《か》います。だい金は　いくらに　なりますか。

しき

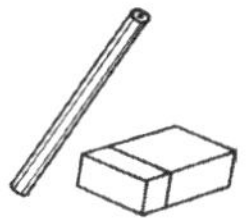

答《こた》え

2 まなみさんは　ひまわりの　たねを　72こ　もって　います。妹《いもうと》に　28こ　あげると，のこりは　何《なん》こに　なりますか。

しき

答え

3 たなには，おさらが　ぜんぶで　45まい　あります。今《いま》，36まい　のこって　います。　つかって　いる　おさらは何まいですか。

しき

答え

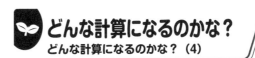

月　日

4 長さの　たんい

長さの　たんい（1）

なまえ

1 ㋐と　㋑の　テープの　1めもり1cmの　ものさしで　長《なが》さを　はかります。（　）に　あてはまる　数《かず》や　たんいを　書《か》きましょう。

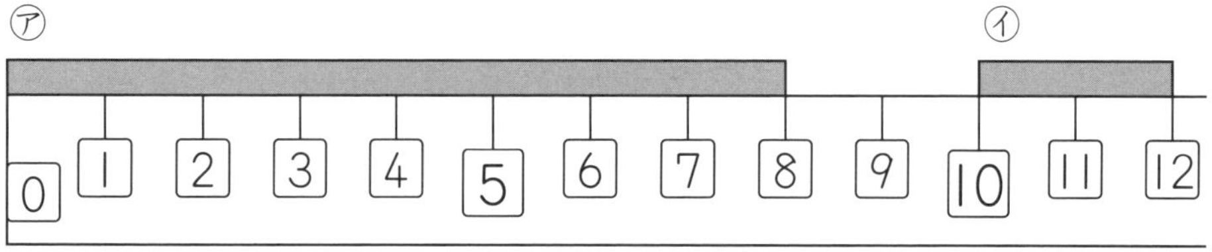

長さは，（　　　）センチメートルが　いくつ分《ぶん》　あるかで　あらわします。
センチメートルは　長さの　たんいで，（　　　）と　書きます。

㋐の　テープの　長さは，1cmの　（　　　）つ分で，（　　　）cm

㋑の　テープの　長さは，1cmの　（　　　）つ分で，（　　　）cm

2 cmを　書《か》く　れんしゅうを　しましょう。

①②③ 1cm　2cm　3cm　4cm

3 つぎの　ものの　長さは　何《なん》cmですか。

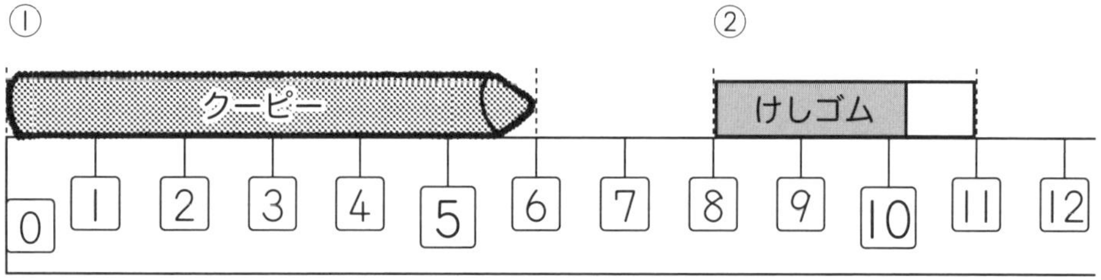

①（　　　）cm　　②（　　　）cm

月　日

4 長さの　たんい

長さの　たんい（2）

なまえ

1 右の　テープの　長《なが》さを　はかります。（　）に　あてはまる　数《かず》や　たんいを　書《か》きましょう。

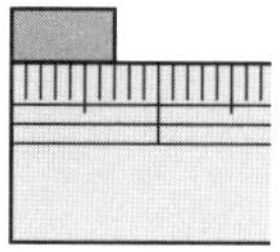

1cmを　同《おな》じ　長さに，（　　　）に　分《わ》けた　1つ分の　長さを　1ミリメートルと　いい，1（　　　）と　書きます。

1cm＝（　　　）mm

上の　テープの　長さは，1mmの　（　　　）つ分で，（　　　）mm

2 mmを　書《か》く　れんしゅうを　しましょう。

①②③ 1mm　2mm　3mm　4mm

3 左はしから，㋐，㋑，㋒までの　長さは，それぞれ　どれだけですか。

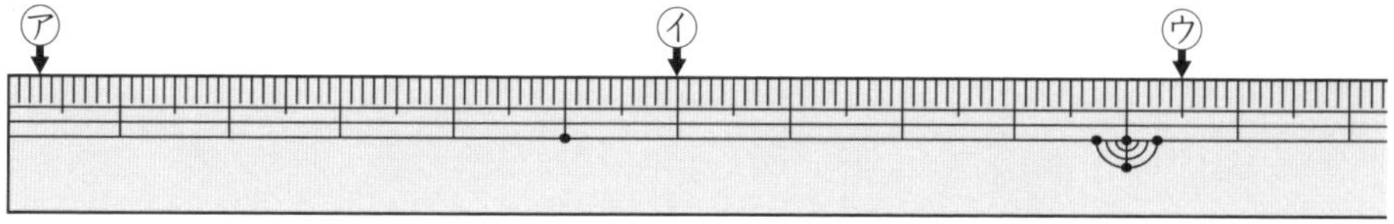

㋐（　　　）mm　㋑（　　　）cm　㋒（　　　）cm（　　　）mm

4 ㋕から　㋖までの　長さは　何cm何mmですか。

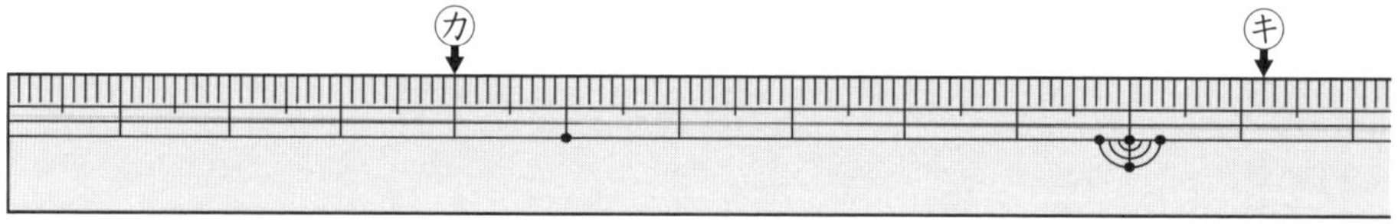

（　　　　　　　）

月　　日

4 長さの　たんい

長さの　たんい (3)

なまえ

1　つぎの　ものの　長《なが》さは　何《なん》cm 何 mm ですか。

① 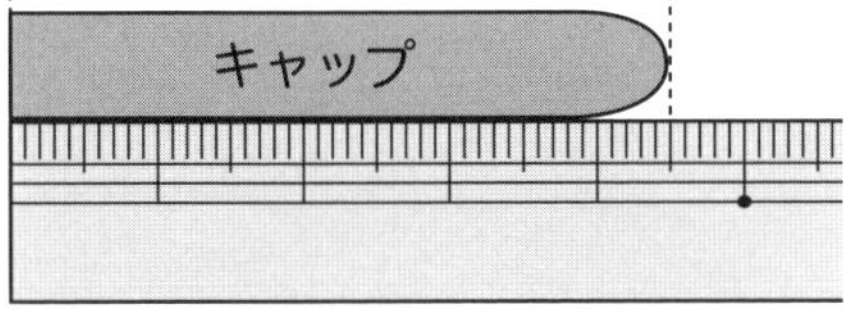

(　　　cm　　　mm)

② 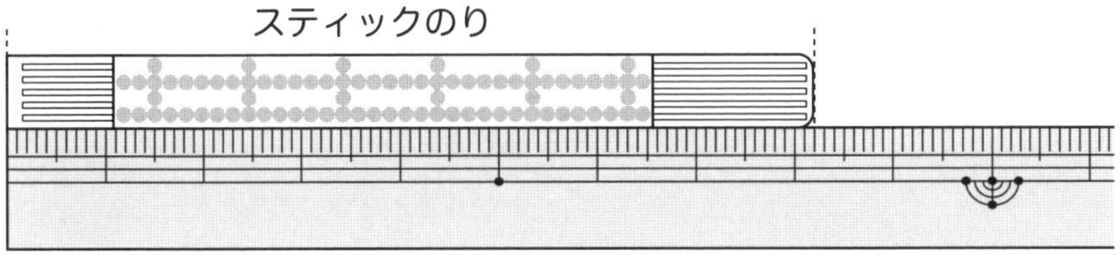

(　　　　　)

③ 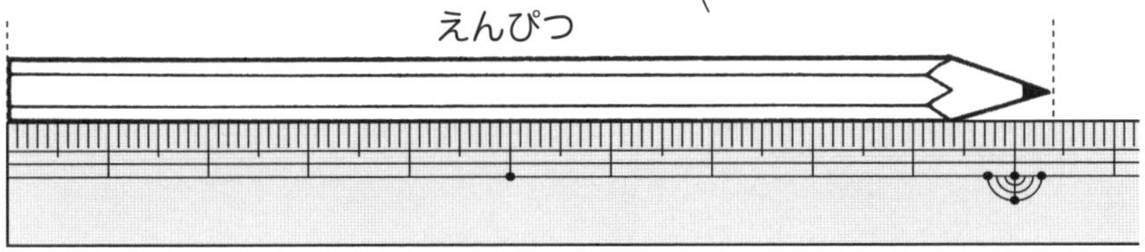

(　　　　　)

2　つぎの　⟷の長さは　何 cm 何 mm ですか。　ものさしで　はかりましょう。

① 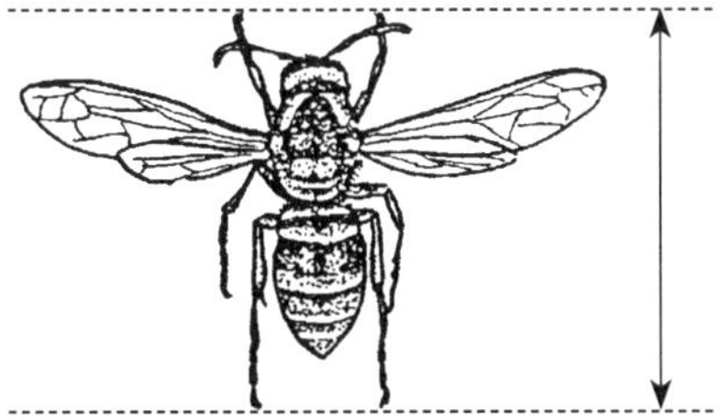

(　　)cm (　　)mm

② 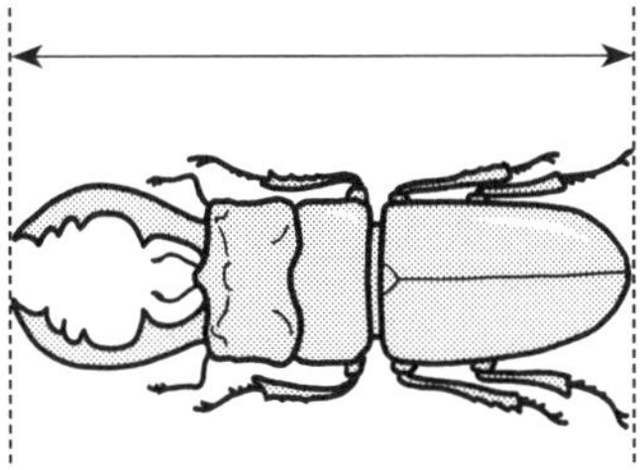

(　　)cm (　　)mm

月　　日

4 長さの　たんい

長さの　たんい (4)

なまえ

1　下の　直線《ちょくせん》の　長《なが》さは　何《なん》cm 何 mm ですか。
また，何 mm ですか。

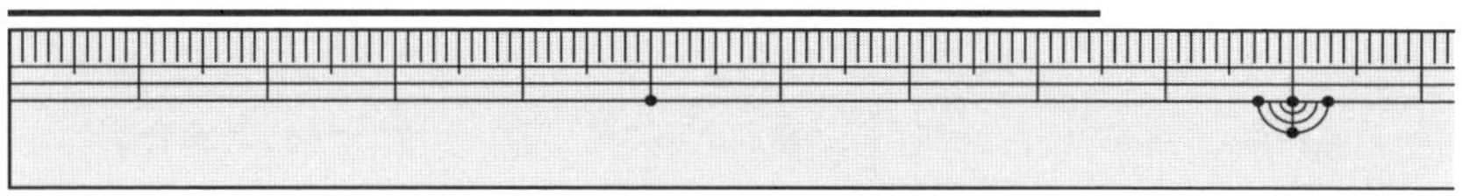

(　　　cm　　　mm)

(　　　　　mm)

2　つぎの　直線の　長さは　何 cm 何 mm ですか。
また，何 mm ですか。ものさしで　はかりましょう。

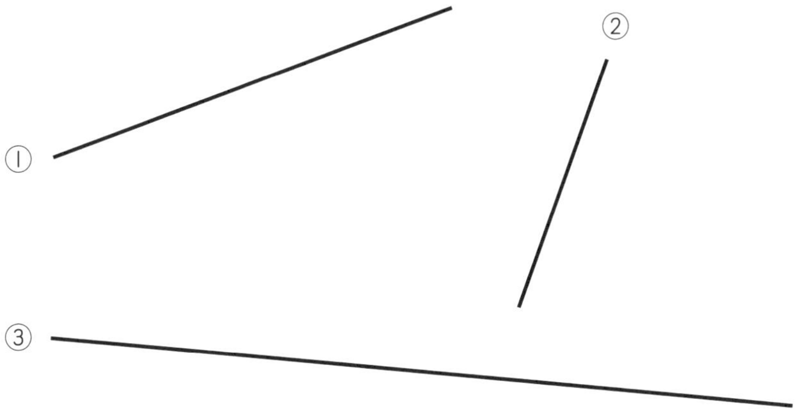

① (　　　cm　　　mm)，(　　　　　mm)

② (　　　cm　　　mm)，(　　　　　mm)

③ (　　　cm　　　mm)，(　　　　　mm)

月　日

4 長さの　たんい

長さの　たんい (5)

なまえ

1 (　　) に　あてはまる　数《かず》を　書《か》きましょう。

① 3cm = (　　　) mm

② 60mm = (　　　) cm

③ 2cm8mm = (　　　) mm

④ 9cm1mm = (　　　) mm

⑤ 47mm = (　　　) cm (　　　) mm

⑥ 76mm = (　　　) cm (　　　) mm

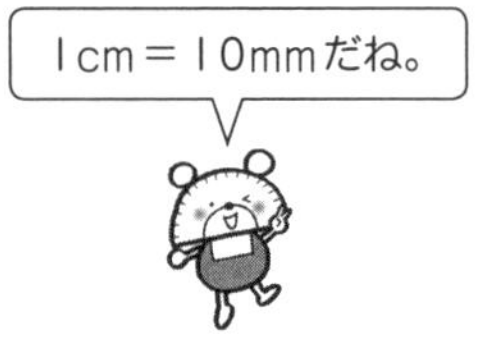

2 つぎの　長《なが》さの　直線《ちょくせん》を　・から　ひきましょう。

① 5cm	・
② 7cm3mm	・
③ 68mm	・

トライ

3 つぎの　㋐，㋑，㋒を，長い　じゅんに　ならべて，記《き》ごうで書きましょう。

㋐ 6cm　　㋑ 58mm　　㋒ 6cm3mm

(　　　) → (　　　) → (　　　)

月　日

4 長さの　たんい

長さの　計算 (1)

なまえ

● ㋐の　線《せん》と　㋑の　線の　長《なが》さを　くらべましょう。

① ㋐の　線の　長さは　どれだけですか。

□ cm ＋ □ cm ＝ □ cm

② ㋑の　線の　長さは　どれだけですか。

□ cm □ mm ＋ □ cm ＝ □ cm □ mm

③ どちらの　線が　どれだけ　長いですか。

しき □ cm □ mm － □ cm ＝ □ cm □ mm

答《こた》え □ の　線が □ cm □ mm　長い。

月　　日

4 長さの　たんい

長さの　計算（2）

なまえ

1　計算《けいさん》を　しましょう。

① 11cm6mm + 3cm =

② 18cm8mm − 5cm =

③ 4cm3mm + 2mm =

④ 6mm + 3cm1mm =

⑤ 12cm9mm − 7mm =

⑥ 5cm4mm + 10cm3mm =

⑦ 7cm7mm − 2cm4mm =

2　赤い　テープの　長《なが》さは　9cm6mm，白い　テープの　長さは　6cm です。

① 2本の　テープを　かさならないように　つなぐと，何《なん》cm 何 mm に　なりますか。

しき

答《こた》え

② 2本の　テープの　長さの　ちがいは　何 cm 何 mm ですか。

しき

答え

月　　日

4 ふりかえり・たしかめ（1）

長さの　たんい

なまえ

1　左はしから，㋐，㋑，㋒，㋓までの　長《なが》さは，それぞれ　何《なん》cm 何 mm ですか。

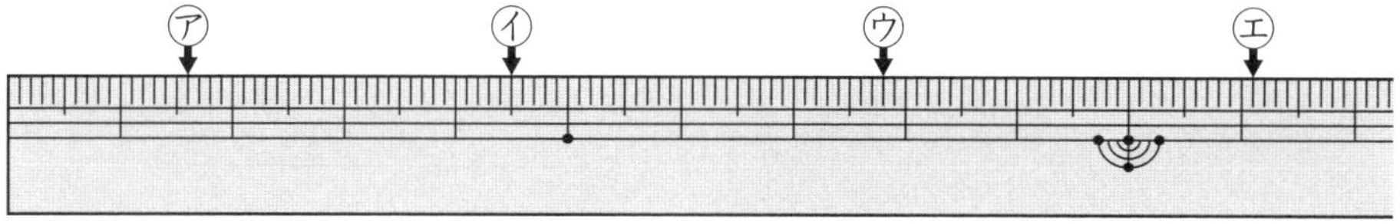

㋐（　　　　　）　㋑（　　　　　）

㋒（　　　　　）　㋓（　　　　　）

2　ものさしで　←→の長さを　はかりましょう。何 cm 何 mm ですか。また，何 mm ですか。

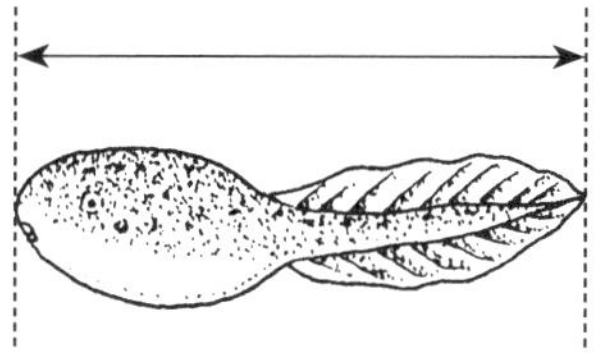

（　　cm　　mm），（　　　mm）

3　下の　直線《ちょくせん》の　長さを　ものさしで　はかりましょう。何 cm 何 mm ですか。また，何 mm ですか。

（　　cm　　mm），（　　　mm）

4　8cm4mm の　長さの　直線を　・から　ひきましょう。

・

月　　日

4 ふりかえり・たしかめ (2)

長さの　たんい

なまえ

1 (　　)に　あてはまる　数《かず》を　書《か》きましょう。

① 1cmを (　　　)に　分《わ》けた　1つ分《ぶん》の　長《なが》さは　1mmです。

② 1cmの　6つ分の　長さは (　　　) cmです。

③ 7mmは，1mmの (　　　)つ分の　長さです。

④ 4cmと　3mmを　あわせた　長さは，

(　　　) cm (　　　) mmです。 また，(　　　) mmです。

2 (　　)に　あてはまる　数を　書きましょう。

① 8cm = (　　　) mm

② 20mm = (　　　) cm

③ 5cm9mm = (　　　) mm

④ 62mm = (　　　) cm (　　　) mm

3 (　　)に　あてはまる　長さの　たんいを　書きましょう。

① 教科書《きょうかしょ》の　あつさ ……………… 6 (　　　)

② はがきの　よこの　長さ ……… 10 (　　　)

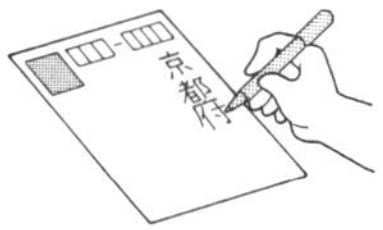

月　　日

4 ふりかえり・たしかめ (3)

長さの　たんい

なまえ

1 計算《けいさん》を　しましょう。

① 3cm5mm + 8cm =

② 7cm4mm − 2cm =

③ 8cm1mm + 6mm =

④ 2mm + 4cm4mm =

⑤ 6cm9mm − 1mm =

2 あつさが　2cmの　絵本《えほん》と，あつさが　3cm2mmの　図《ず》かんが　あります。

① 2さつ　つみかさねると，あつさは　何《なん》cm何mmに　なりますか。

しき

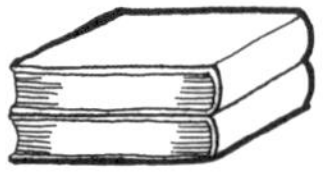

答《こた》え

② 2さつの　あつさの　ちがいは　何cm何mmですか。

しき

答え

4 まとめのテスト
長さの　たんい

名前

【知識・技能】

1 左はしから，㋐，㋑までの　長《なが》さは，それぞれ　どれだけですか。(6×2)

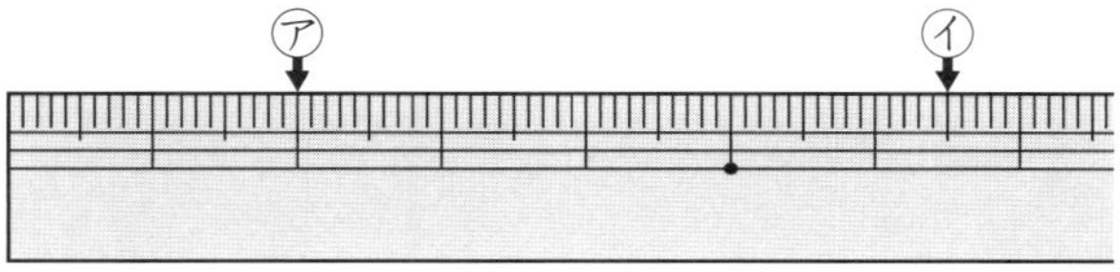

㋐（　　cm）　㋑（　　cm　　mm）

2 つぎの　ものの　長さは　どれだけですか。(6×2)

① てんとうむし　　② クリップ

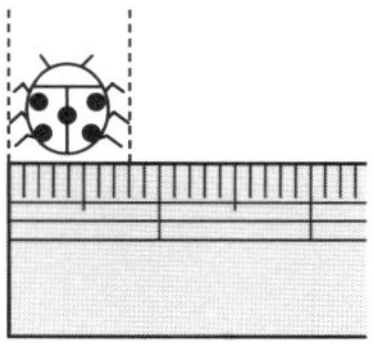

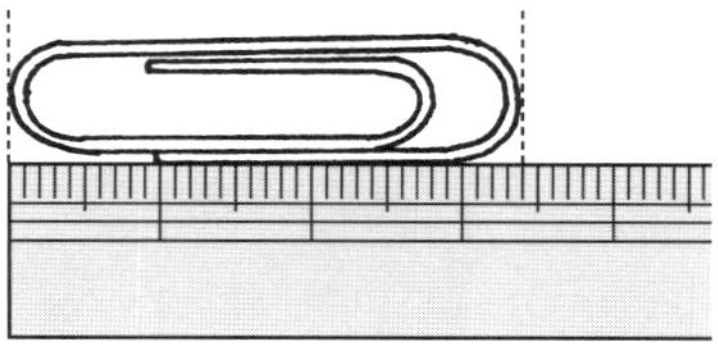

（　　mm）　（　　cm　　mm）

3 つぎの　長《なが》さの　直線《ちょくせん》を　・から　右に　ひきましょう。(6×2)

① 3cm4mm　・

② 43mm　・

4 （　　）に　あてはまる　数《かず》を　書《か》きましょう。(6×2)

① 5cm =（　　　）mm

② 81mm =（　　　）cm（　　　）mm

5 （　　）に　あてはまる　長さの　たんいを　書きましょう。(6×2)

① ノートの　あつさ ………… 5（　　　）

② えんぴつの　長さ ………… 10（　　　）

【思考・判断・表現】

6 ㋐の　線と　㋑の　線の　長さを　くらべましょう。

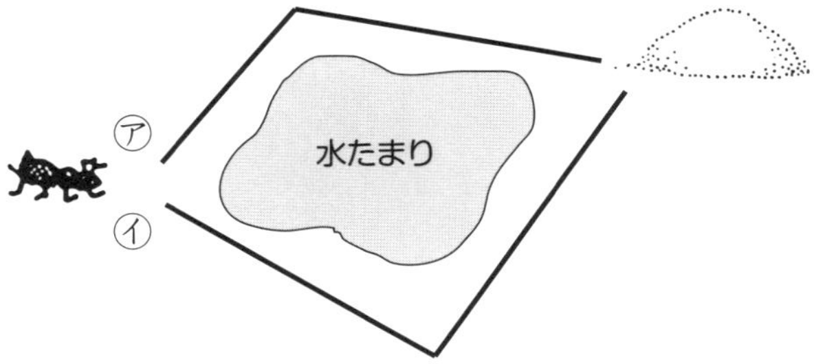

① ㋐の　線の　長さは　何cmですか。(5×2)

しき

答《こた》え

② ㋑の　線の　長さは　何cm何mmですか。(5×2)

しき

答え

③ どちらの　線が　何cm何mm　長いですか。(5×2)

しき

答え

7 赤い　リボンは　7cm，青い　リボンは　8cm7mmです。どちらが　何cm何mm　みじかいですか。(5×2)

しき

答え

5 3けたの　数

数の　あらわし方と　しくみ（1）

なまえ

● クラゲは　何《なん》びき　いますか。　10ずつ　○で　かこみましょう。100で大きく　かこみましょう。

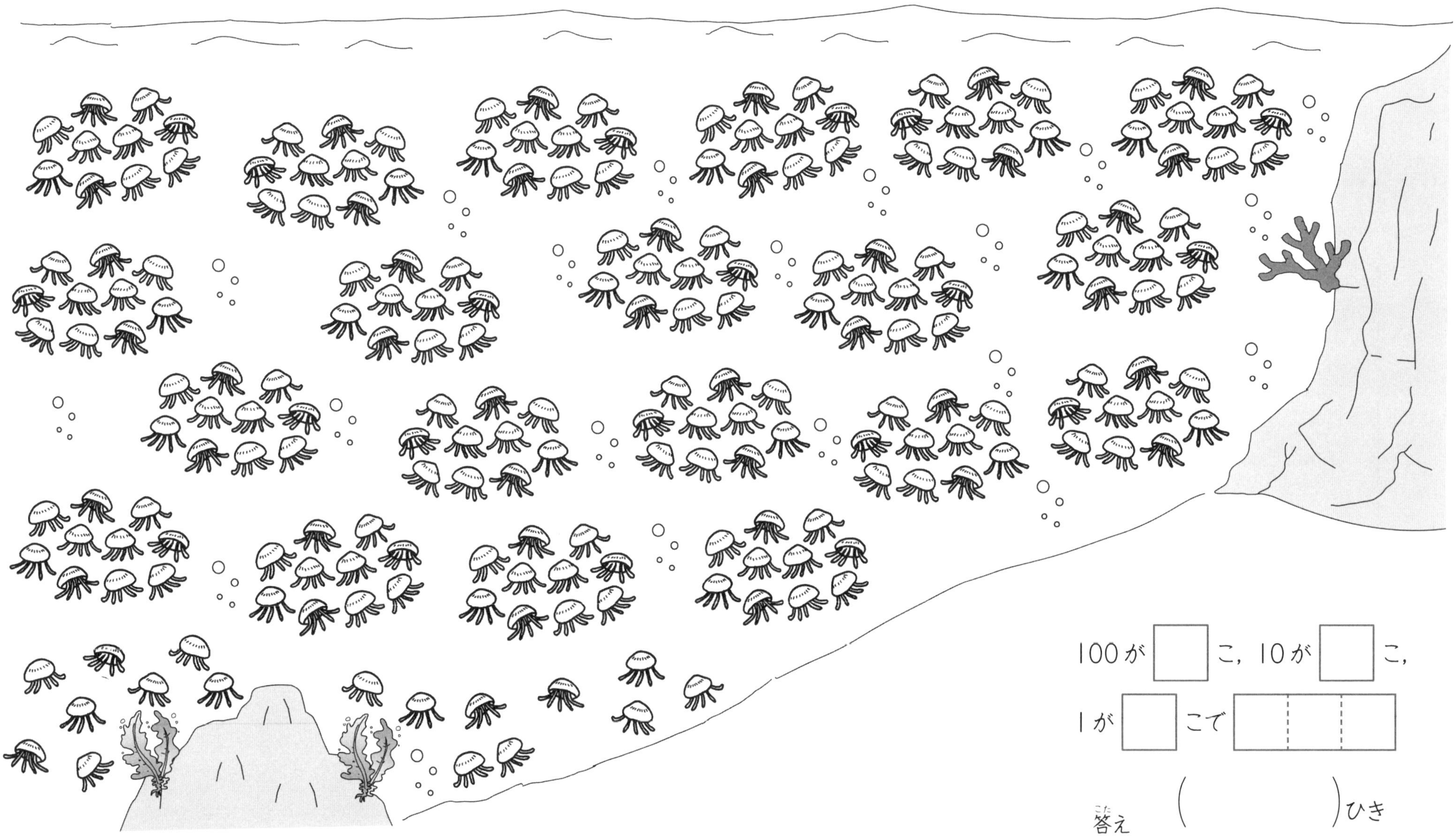

100が □ こ，10が □ こ，

1が □ こで □□□

答《こた》え　（　　　　）ひき

月　　日

5 3けたの　数
数の　あらわし方と　しくみ（2）

なまえ

● ■は　ぜんぶで　何《なん》こ　ありますか。読み方は　漢字で　書きましょう。

①

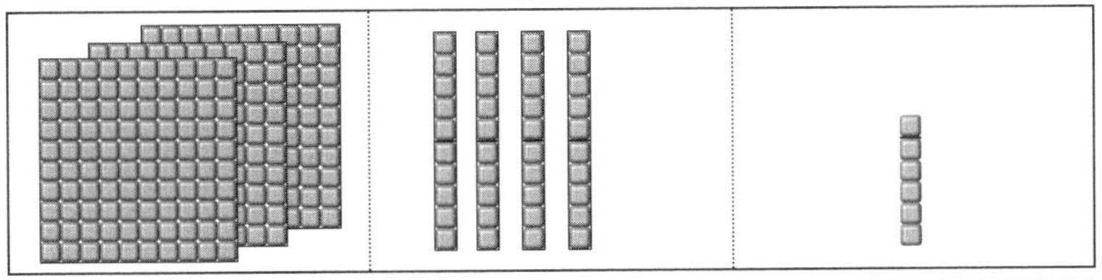

	百のくらい	十のくらい	一のくらい
漢数字《かんすうじ》	三百	四十	六
数字《すうじ》	3	4	6

②

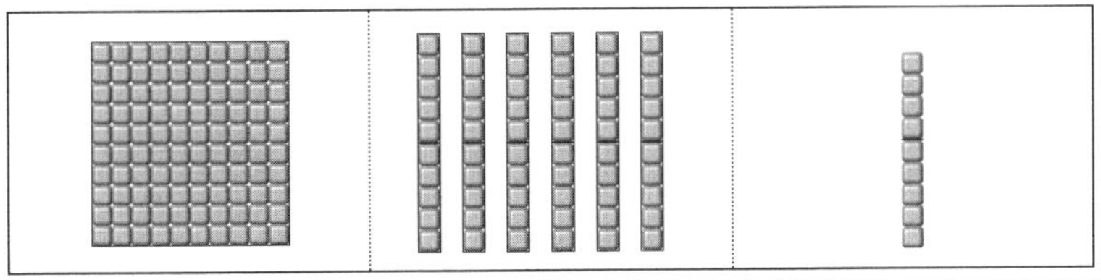

	百のくらい	十のくらい	一のくらい
漢数字			
数字			

③

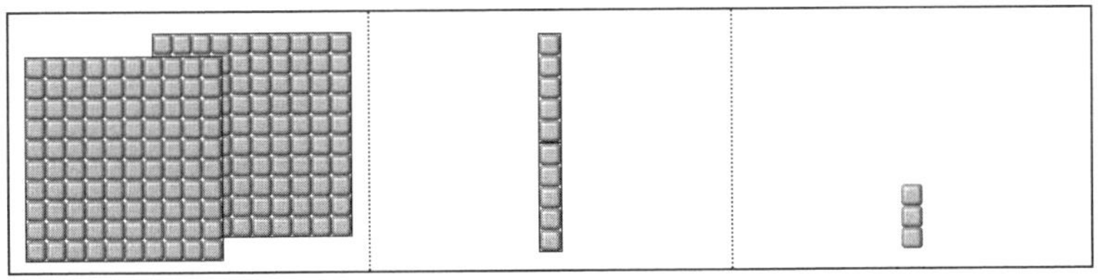

	百のくらい	十のくらい	一のくらい
漢数字			
数字			

月　　日

5 3けたの　数
数の　あらわし方と　しくみ（3）

なまえ

● ■は　ぜんぶで　何《なん》こ　ありますか。

①

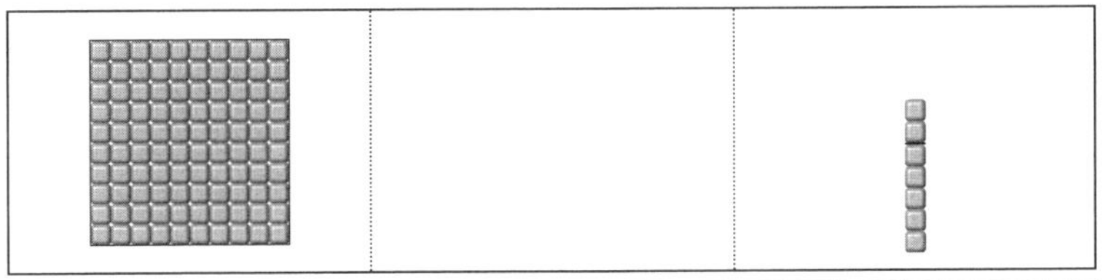

	百のくらい	十のくらい	一のくらい
漢数字			
数字《すうじ》			

②

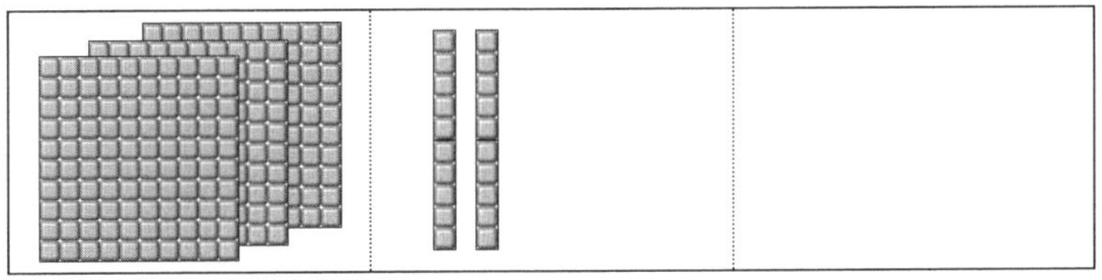

	百のくらい	十のくらい	一のくらい
漢数字			
数字			

③

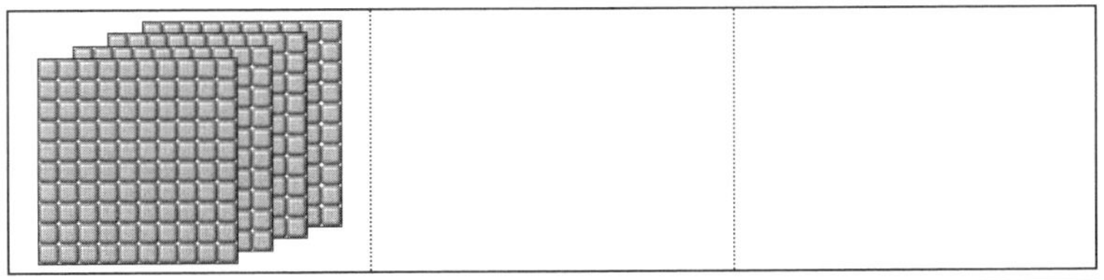

	百のくらい	十のくらい	一のくらい
漢数字			
数字			

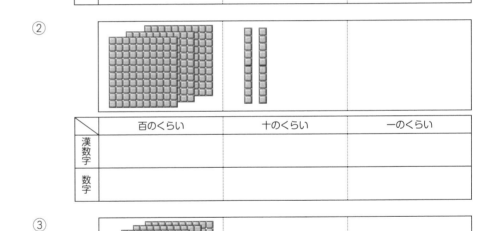

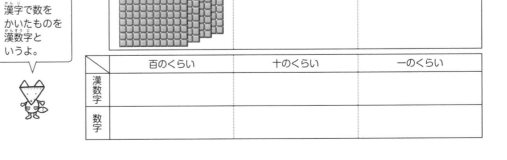

月　　日

5 3けたの 数
数の あらわし方と しくみ (4)

なまえ

1 ぼうや 色紙《いろがみ》の 数《かず》を，数字《すうじ》で 書《か》きましょう。

①
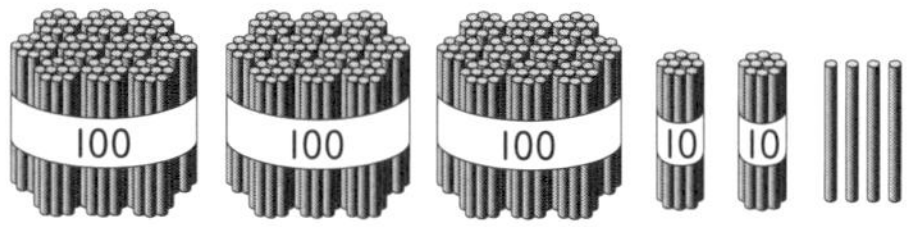

(　　　　　　　　)

②
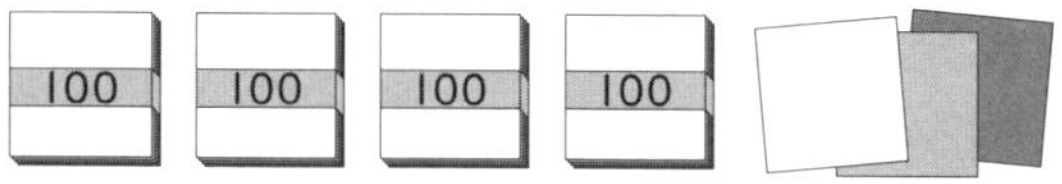

(　　　　　　　　)

トライ ③

(　　　　　　　　)

2 つぎの 数の 読《よ》み方を かん字で 書きましょう。

① 197 (　　　　　　　　)　② 602 (　　　　　　　　)

③ 410 (　　　　　　　　)　④ 900 (　　　　　　　　)

3 数字で 書きましょう。

① 百二十三 (　　　　　　　　)　② 三百七 (　　　　　　　　)

③ 八百五十 (　　　　　　　　)　④ 七百 (　　　　　　　　)

月　　日

5 3けたの 数
数の あらわし方と しくみ (5)

なまえ

1 カードが あらわして いる 数《かず》を 書《か》きましょう。

①
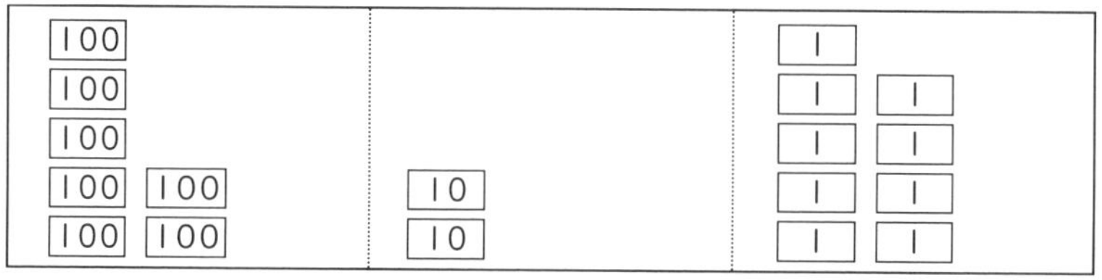

	百のくらい	十のくらい	一のくらい
読《よ》み方《かた》			
数字《すうじ》			

②
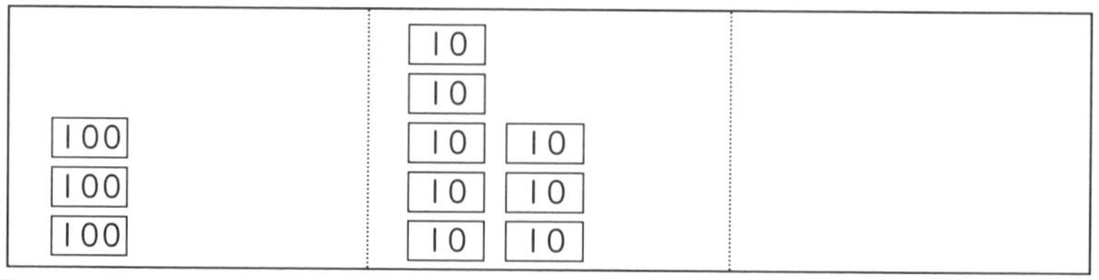

	百のくらい	十のくらい	一のくらい
読み方			
数字			

2 234を 上のように カードで あらわしましょう。

それぞれの くらいに
カードを 書こう。

百のくらい	十のくらい	一のくらい

月　　日

5 3けたの　数
数の　あらわし方と　しくみ（6）

なまえ

1 （　　）に　あてはまる　数《かず》を　書《か》きましょう。

① 100を　5こ，10を　2こ，1を　8こ　あわせた　数は，（　　　　）です。

② 100を　2こ，10を　9こ　あわせた　数は，（　　　　）です。

③ 471は，100を　（　　）こ，10を　（　　）こ，1を　（　　）こ　あわせた　数です。

④ 306は，100を　（　　）こ，1を　（　　）こ　あわせた　数です。

⑤ 百のくらいの　数字《すうじ》が　9，十のくらいの　数字が　5，一のくらいの　数字が　2の　数は，（　　　　）です。

⑥ 百のくらいの　数字が　4，十のくらいの　数字が　0，一のくらいの　数字が　3の　数は，（　　　　）です。

2 つぎの　文を　しきに　あらわしましょう。

① 300と　9を　あわせた　数は，309です。

□　＋　□　＝　309

② 482は，400と　80と　2を　あわせた　数です。

482　＝　□　＋　□　＋　□

③ 670は，600と　70を　あわせた　数です。

670　＝　□　＋　□

月　　日

5 3けたの　数
数の　あらわし方と　しくみ（7）

なまえ

1 （　　）に　あてはまる　数《かず》を　書《か》きましょう。

① 10を　13こ　あつめた　数は　いくつですか。

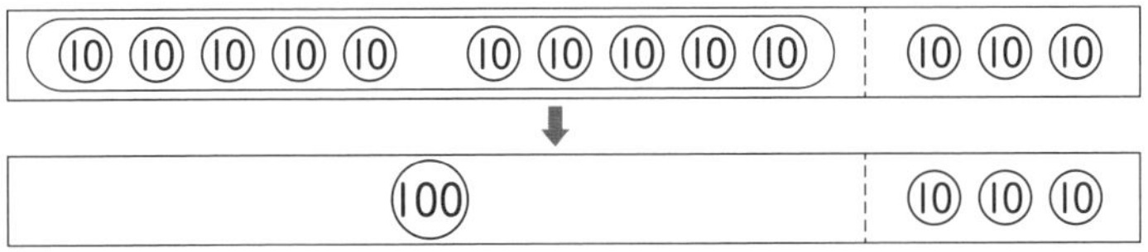

10が13こ
- 10が　10こ →（　　　　）
- 10が　3こ →（　　　　）

→（　　　　）

② 10を　25こ　あつめた　数は　（　　　　）です。

③ 10を　30こ　あつめた　数は　（　　　　）です。

2 （　　）に　あてはまる　数を　書きましょう。

① 240は　10を　何《なん》こ　あつめた　数ですか。

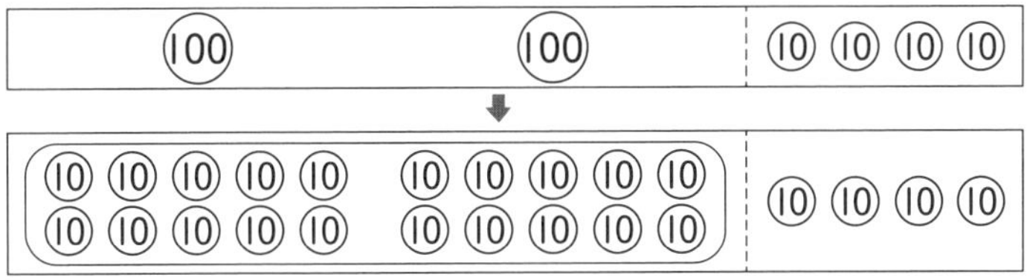

240
- 200　10が →（　　　　）こ
- 40　10が →（　　　　）こ

→ 10が（　　　）こ

② 480は　10を　（　　）こ　あつめた　数です。

③ 600は　10を　（　　）こ　あつめた　数です。

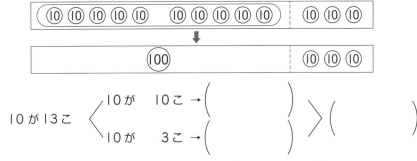

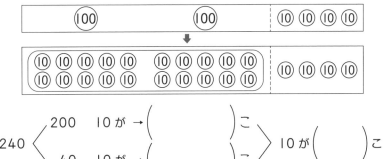

5 3けたの　数

数の　あらわし方と　しくみ（8）

なまえ

● □に　あてはまる　数《かず》を　書《か》きましょう。

①

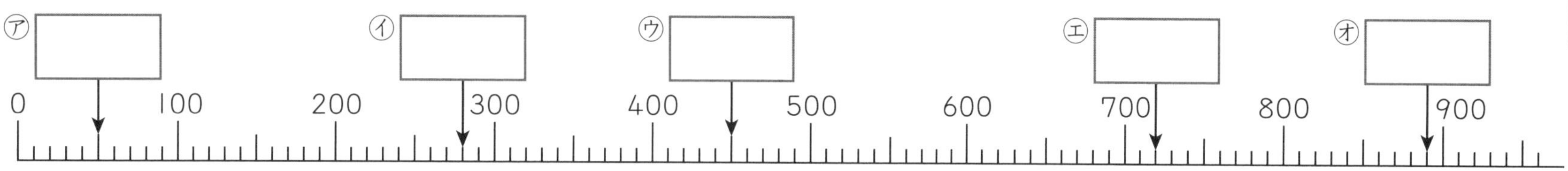

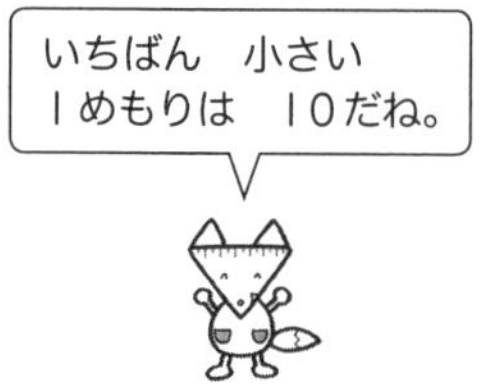

②

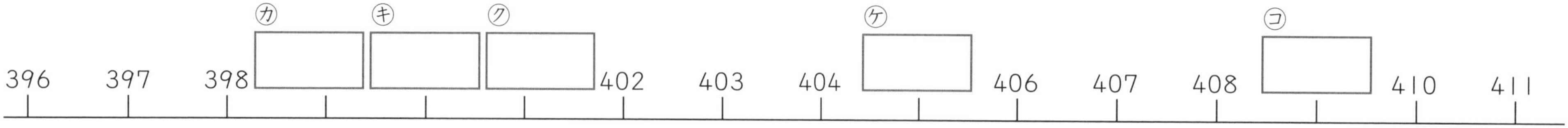

③

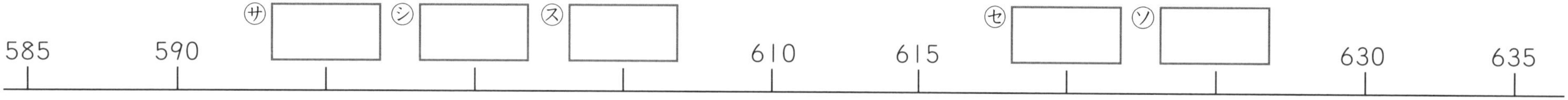

④

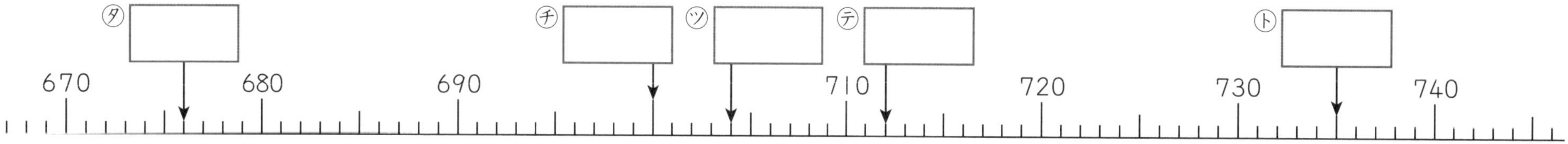

トライ ⑤

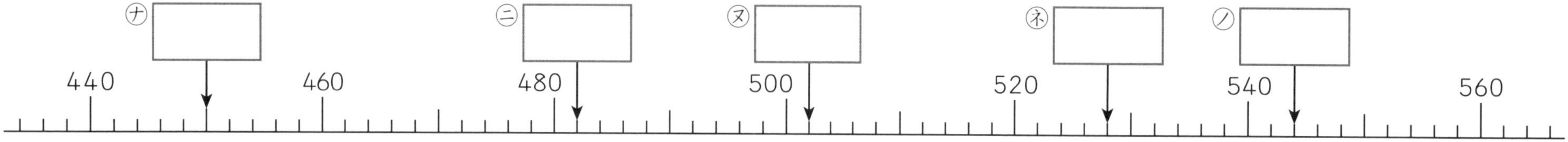

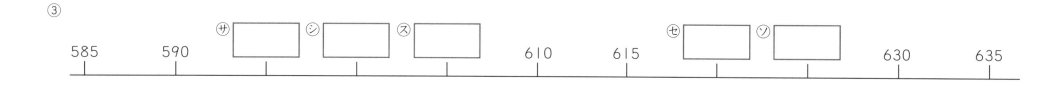

月　　日

なまえ

5 3けたの　数

数の　あらわし方と　しくみ (9)

1　下の　数《かず》の線《せん》を　見て，(　　)に　あてはまる　数を　書《か》きましょう。

① 百を (　　　)こ　あつめた　数を　千と　いい，

(　　　　　)と　書きます。

② 1000は，10を (　　　　)こ　あつめた　数です。

③ 1000より　100　小さい　数は (　　　　)です。

④ 1000より　80　小さい　数は (　　　　)です。

⑤ 1000より　1　小さい　数は (　　　　)です。

⑥ 800は，あと (　　　　)で　1000に　なります。

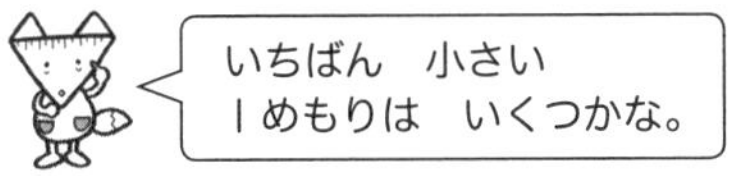

2　640は　どんな　数か　考《かんが》えましょう。

① 下の　数の線で，640を　あらわす　めもりに，↑を　かきましょう。

② (　　)に　あてはまる　数を　書きましょう。

㋐ 640は，(　　　　)と　40を　あわせた　数です。

640＝(　　　　)＋(　　　　)

㋑ 640は，(　　　　)より　60　小さい　数です。

㋒ 640は，10を(　　　　)こ　あつめた　数です。

3　390に　ついて，(　　)に　あてはまる　数を　書きましょう。

㋐ 390は，300と (　　　　)を　あわせた　数です。

㋑ 390は，300より (　　　　)　大きい　数です。

㋒ 390は，10を (　　　　)こ　あつめた　数です。

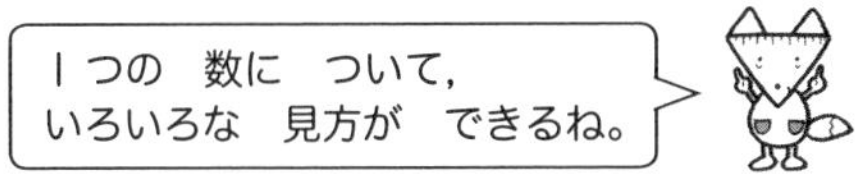

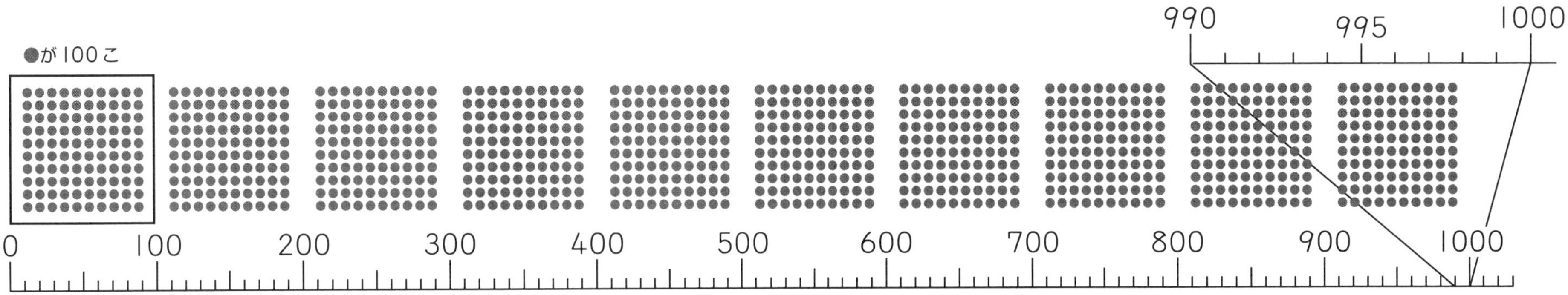

月　日

5 3けたの　数
何十，何百の　計算（1）

なまえ

□1 （　　）に　あてはまる　数《かず》を　書《か》きましょう。

① 色紙《いろがみ》　30まいと　80まいを　あわせると　何《なん》まいに　なりますか。

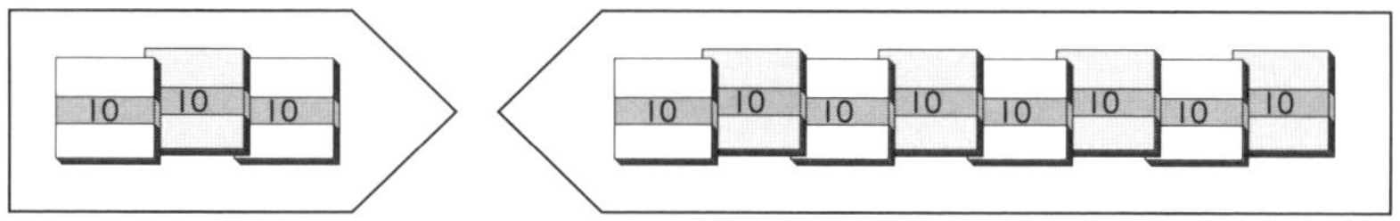

しきは，（　　　）＋（　　　）

10の　たばが，いくつかを　考《かんが》えると，（　　）＋（　　）＝（　　）

だから，10の　たばが（　　　）こで，答えは（　　　）まい

② 色紙を　130まい　もって　います。50まい　つかうと，のこりは　何まいに　なりますか。

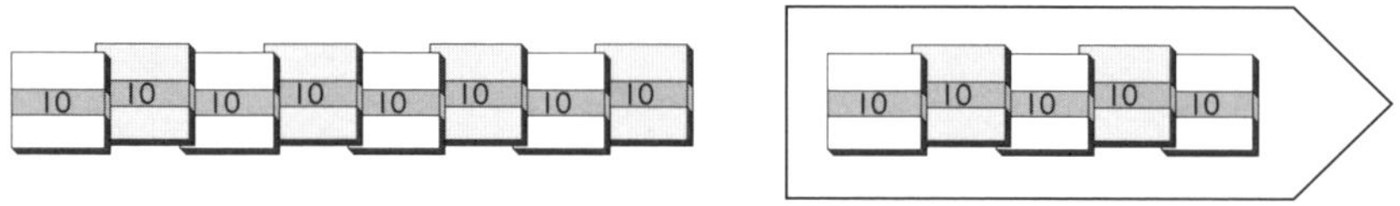

しきは，（　　　）－（　　　）

この　計算は，10の　たばで　考えると，（　　）－（　　）＝（　　）

だから，10の　たばが（　　　）こで，答えは（　　　）まい

□2 計算《けいさん》を　しましょう。

① 40＋90　② 60＋60　③ 80＋70

④ 160－70　⑤ 110－50　⑥ 140－90

月　日

5 3けたの　数
何十，何百の　計算（2）

なまえ

□1 200円と　400円を　あわせると　何円《なんえん》に　なりますか。

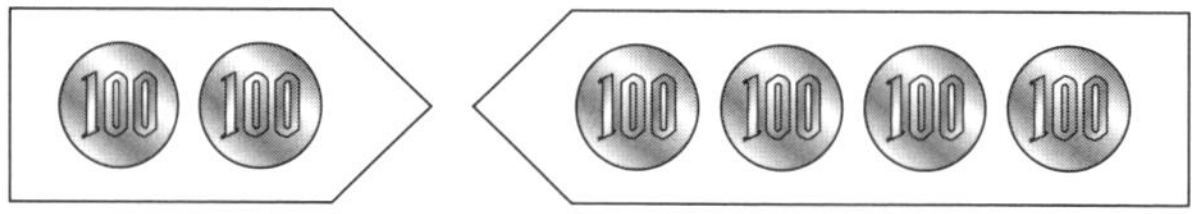

しき

答《こた》え

□2 700円　もって　います。300円　つかうと，のこりは　いくらに　なりますか。

しき

答え

□3 計算を　しましょう。

① 300＋500　② 800＋100　③ 600＋400

④ 800－200　⑤ 500－300　⑥ 1000－700

⑦ 400＋30　⑧ 430－30

⑨ 500＋6　⑩ 506－6

月　　日

5 3けたの　数
数の　大小

なまえ

1 □に　あてはまる　>，<を　書《か》きましょう。

① 599 □ 612　　② 315 □ 351

③ 204 □ 202　　④ 101 □ 95

2 だいきさんは，160円　もって　います。　70円の　ゼリーと，ドーナツを　1こ　買《か》います。　下の　㋐，㋑，㋒の　どの　ドーナツが　買えますか。>，<，＝を　つかって　しきに　あらわして，答《こた》えましょう。

㋐ 160 □ 70＋90

㋑ 160 □ 70＋100

㋒ 160 □ 70＋60

答《こた》え（　　　　　　）

3 □に　あてはまる　>，<，＝を　書《か》きましょう。

① 130 □ 50＋70　　② 600 □ 680－80

③ 30＋80 □ 101　　④ 200＋40 □ 250

ライ

4 □に　あてはまる　数《かず》を，　右の［　　］の　中から　えらんで，すべて　○を　つけましょう。

① 360 ＜ 300＋□　　［40　50　60　70　80］

② 470－70 ＞ □　　［200　300　400　500］

月　　日

5 ふりかえり・たしかめ (1)
3けたの　数

なまえ

1 カードの　数を　数字《すうじ》で　書《か》きましょう。

①

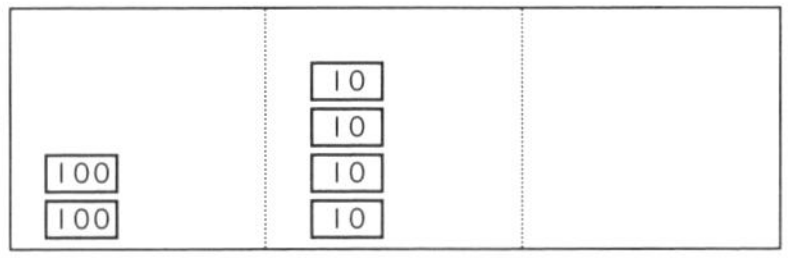

百のくらい	十のくらい	一のくらい

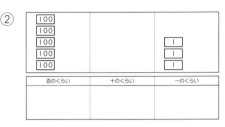

②

百のくらい	十のくらい	一のくらい

2 （　　）に　あてはまる　数《かず》を　書きましょう。

① 486は，100を（　　　）こ，10を（　　　）こ，1を（　　　）こあわせた　数です。

② 240は，100を（　　　）こ，10を（　　　）こ　あわせた　数です。

③ 百のくらいの　数字が　5，十のくらいの　数字が　6，一のくらいの　数字が　0の　数は，（　　　　）です。

④ 10を　38こ　あつめた　数は（　　　　）です。

⑤ 400は　10を（　　　）こ　あつめた　数です。

⑥ 1000は，100を（　　　）こ　あつめた　数です。

3 つぎの　文を　しきに　あらわしましょう。

600と　20と　5を　あわせた　数は，625です。

□＋□＋□＝□

月　　日

5 ふりかえり・たしかめ (2)

3けたの　数

なまえ

□1 下の　数《かず》の線《せん》を　見て　答《こた》えましょう。

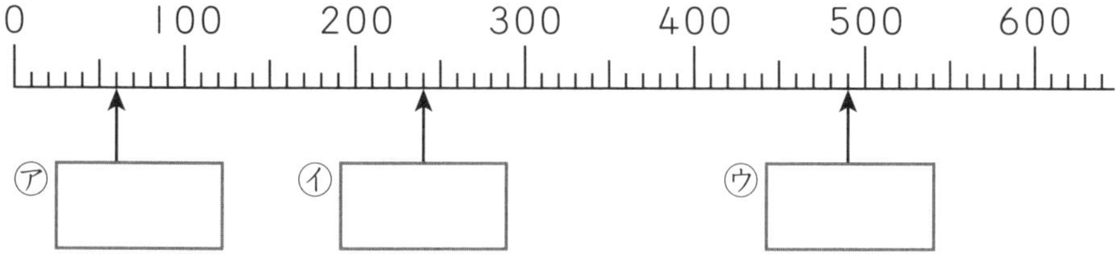

① いちばん　小さい　1めもりは　いくつですか。(　　　)

② 上の　㋐～㋒の□に　あてはまる　数を　書きましょう。

③ 580を　あらわす　めもりに，↑を　かきましょう。

④ 580は，(　　　　)と　80を　あわせた　数です。

⑤ 580は，(　　　　)より　20　小さい　数です。

⑥ 580は，10を(　　　　)こ　あつめた　数です。

□2 □に　あてはまる　数を　書きましょう。

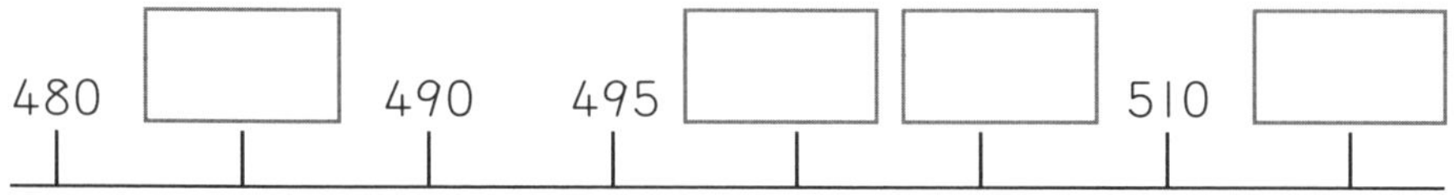

月　　日

5 ふりかえり・たしかめ (3)

3けたの　数

なまえ

□1 計算《けいさん》を　しましょう。

① 50 + 60　　② 150 − 80　　③ 300 + 400

④ 500 + 500　　⑤ 800 − 500　　⑥ 1000 − 400

⑦ 600 + 90　　⑧ 408 − 8

□2 □に　あてはまる　>，<，=を　書《か》きましょう。

① 150 □ 80 + 80　　② 420 − 20 □ 390

③ 509 □ 500 + 9

□3 3けたの　数《かず》を　書いた　カードを　2まいずつ　もっています。数が　大きい　ほうの　カードに　○を　しましょう。

①

②

③

□4 □に　あてはまる　数字《すうじ》を　すべて　書きましょう。

856 < 8□6　　(　　　　　　　　)

5 まとめのテスト
3けたの　数

なまえ

【知識・技能】

1　つぎの　数《かず》を　数字《すうじ》で　書《か》きましょう。(5×6)

① 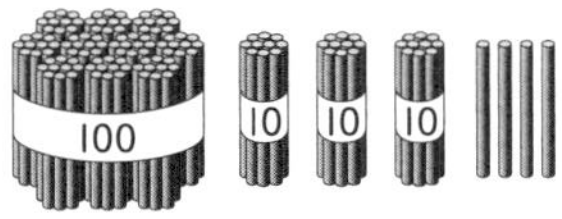

(　　　　)

② 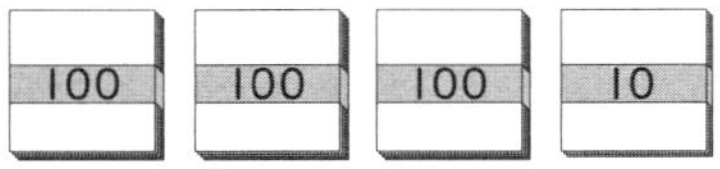

(　　　　)

③ 百八　(　　　　)

④ 100を　6こ，10を　5こ　あわせた　数
(　　　　)

⑤ 百のくらいの　数字が　8，十のくらいの　数字が　1，一のくらいの　数字が　3の　数
(　　　　)

⑥ 10を　51こ　あつめた　数
(　　　　)

2　□に　あてはまる　数を　書《か》きましょう。(5×2)

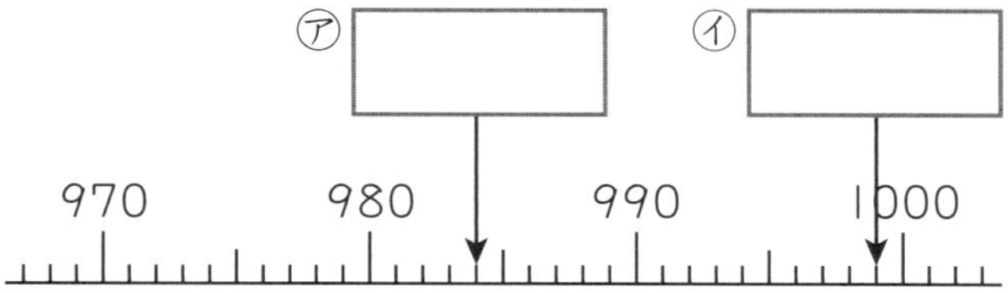

3　□に　あてはまる　>，<を　書きましょう。(5×2)

① 40＋90 □ 120

② 50 □ 170－90

【思考・判断・表現】

4　どうぶつの　カードが　80まい，花の　カードが　90まい　あります。　あわせて　何《なん》まいですか。(5×2)

しき

答《こた》え

5　さやかさんは，140円　もって　います。50円の　アイスクリームを　買います。のこりは　いくらですか。(5×2)

しき

答え

6　3けたの　数を　くらべます。□に　あてはまる　数字《すうじ》を　すべて書きましょう。(10)

544 ＞ 5□5

(　　　　)

7　460を　㋐～㋓の　見方《みかた》で　あらわしました。（　）に　あてはまる　数を　書きましょう。(5×4)

㋐ 460は，(　　　　)と　60を　あわせた　数です。

㋑ 460は，(　　　　)より　40　小さい　数です。

㋒ 460は，400より(　　　　)　大きい　数です。

㋓ 460は，10を　(　　　　)こ　あつめた　数です。

月　　日

6 水の　かさの　たんい

水の　かさの　たんい（1）

なまえ

1　下の　ティーポットに　入る　水の　かさは　どれだけですか。
（　）に　あてはまる　数《かず》や　たんいを　書《か》きましょう。

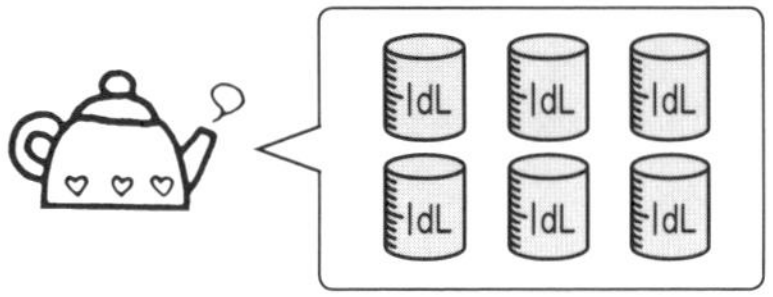

水などの　かさは，1デシリットルが　いくつ分《ぶん》　あるかで　あらわします。

デシリットルは　かさの　たんいで，（　　　　）と　書きます。

上の　ティーポットに　入る　水の　かさは，

1dLの（　　　　）つ分で，（　　　　）dL

2　dLを　書く　れんしゅうを　しましょう。

①　②

1dL　2dL　3dL　4dL

3　2つの　びんの　水の　かさは，それぞれ　1dLの
いくつ分で，何dLですか。また，どちらの　びんの　ほうが，
何dL　多く　入りますか。

㋐

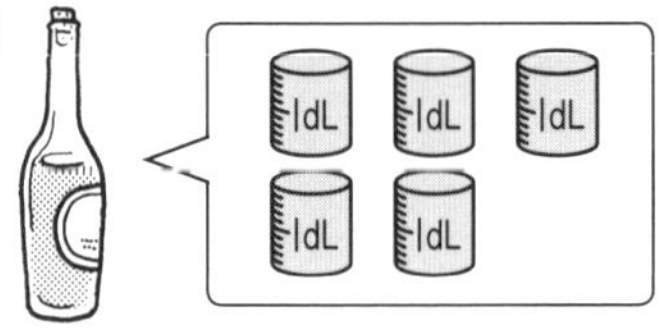

㋑

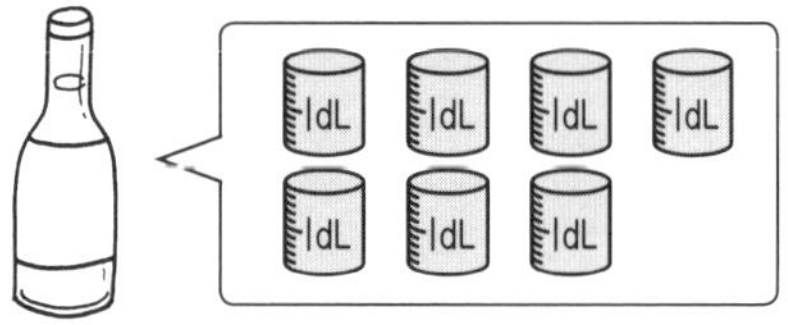

㋐ 1dLの（　　　　）つ分で，
（　　　　）dL

㋑ 1dLの（　　　　）つ分で，
（　　　　）dL

（　　　　）の　びんの　ほうが，（　　　　）dL　多く　入る。

月　　日

6 水の　かさの　たんい

水の　かさの　たんい（2）

なまえ

1　下の　なべに　入る　水の　かさは　どれだけですか。
（　）に　あてはまる　数《かず》や　たんいを　書《か》きましょう。

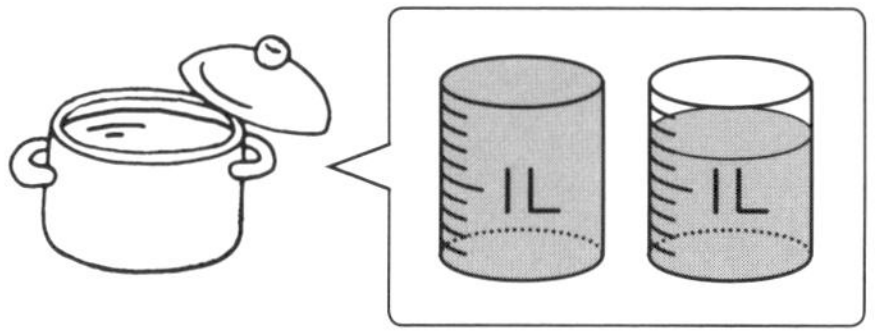

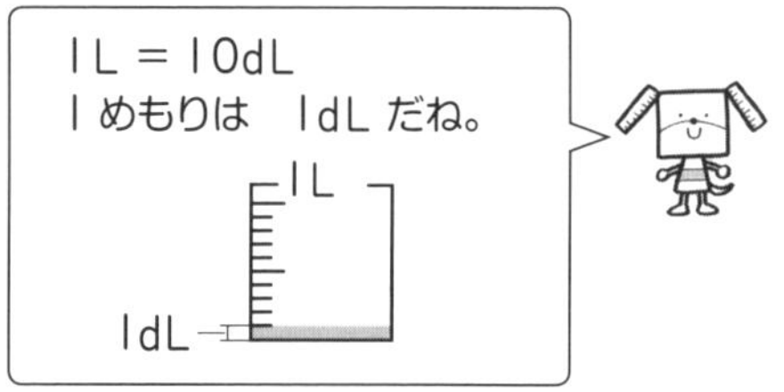

大きな　かさを　あらわす　ときは，リットルと　いう　たんいを
つかいます。リットルは　（　　　　）と　書きます。

1L =（　　　　）dL

上の　なべに　入る　水の　かさは，（　　　　）L（　　　　）dL

2　dLを　書く　れんしゅうを　しましょう。

①

1L　2L　3L　4L

3　下の　ポットに　入る　水の　かさは，1Lの　いくつ分《ぶん》で，
何《なん》Lですか。

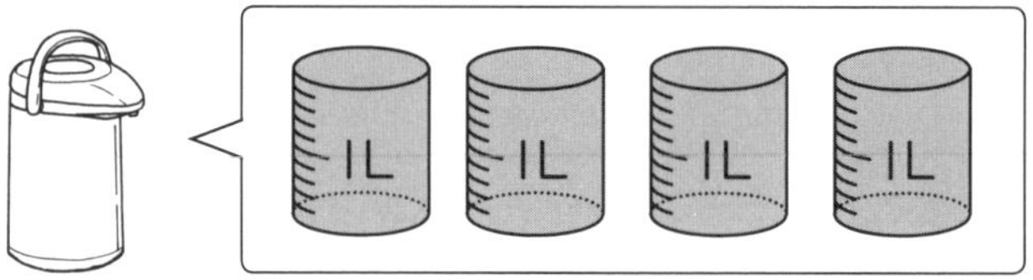

1Lの（　　　　）つ分で，（　　　　）L

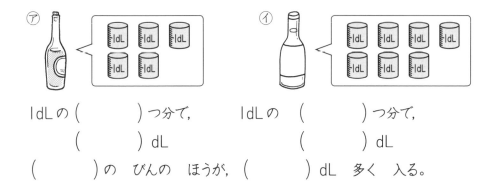

月　　日

6 ふりかえり・たしかめ (2)

水の　かさの　たんい

なまえ

1 (　　) に　あてはまる　数《かず》を　書《か》きましょう。

① 1L = (　　　) dL　　② 8L = (　　　) dL

③ 1L = (　　　　　) mL　　④ 5L = (　　　　　) mL

⑤ 1dL = (　　　) mL　　⑥ 3000mL = (　　　) L

2 (　　) に　あてはまる，かさの　たんいを　書きましょう。

① ペットボトルに　入った　水 …………350 (　　　)

② 水とうに　入った　水 ………………… 8 (　　　)

③ おふろの　よくそうに　入った　水 …250 (　　　)

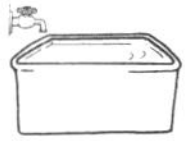

3 計算《けいさん》を　しましょう。

① 5L2dL + 3L

② 7L5dL − 4L

③ 1L3dL + 2dL

④ 4L8dL − 5dL

月　　日

6 ふりかえり・たしかめ (3)

水の　かさの　たんい

なまえ

● つぎの　入れものに　入る　水の　かさを　しらべました。

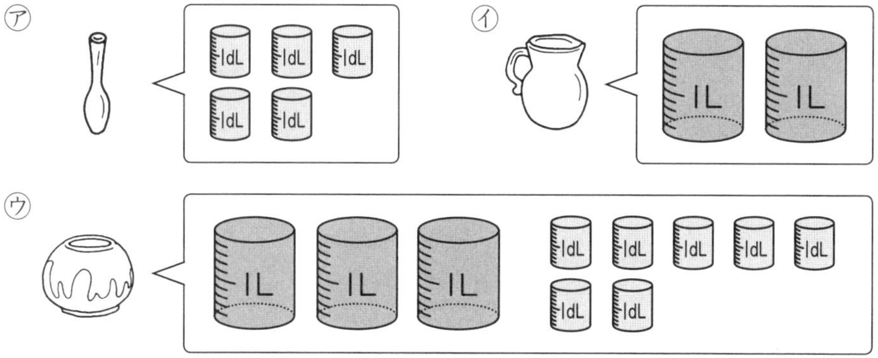

① ㋑と　㋒の　入れものに　入る　水の　かさを　あわせると　何L何dLですか。

しき

答《こた》え ＿＿＿＿＿＿＿＿

② ㋐と　㋒の　入れものに　入る　水の　かさの　ちがいは　何L何dLですか。

しき

答え ＿＿＿＿＿＿＿＿

③ ㋑と　㋒の　入れものに　入る　水の　かさの　ちがいは　何L何dLですか。

しき

答え ＿＿＿＿＿＿＿＿

6 まとめのテスト
水の　かさの　たんい

月　　日

なまえ

【知識・技能】

1　つぎの　水の　かさは　どれだけですか。(5×2)

①
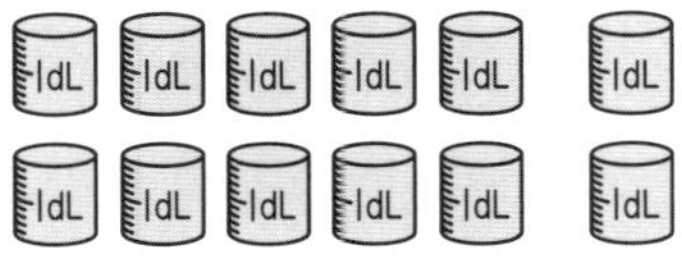

(　　　)L(　　　)dL

②
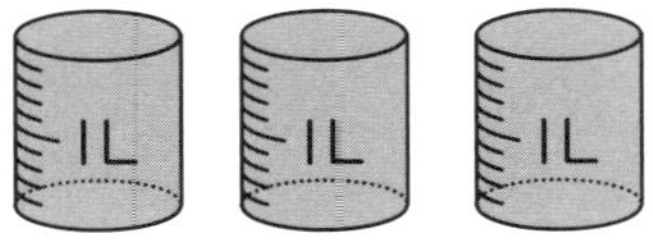

(　　　)L

2　つぎの　水の　かさを，それぞれ　㋐,㋑の　あらわし方《かた》で書《か》きましょう。(5×4)

①
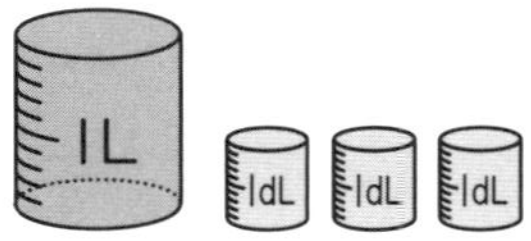

㋐ □L□dL

㋑ □dL

②
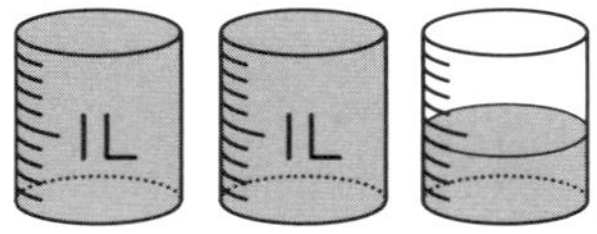

㋐ □L□dL

㋑ □dL

3　(　　)に　あてはまる　数《かず》を　書きましょう。(4×2)

①　1L＝(　　　　)dL

②　1L＝(　　　　)mL

4　(　　)に　あてはまる，かさの　たんいを　書きましょう。(4×3)

①　スプーン　1ぱいの　水

5(　　　)

②　紙《かみ》パックに　入った　牛にゅう

1(　　　)

③　マグカップに　入った　水

3(　　　)

【思考・判断・表現】

5　ジュースが　びんに　1L5dL，紙パックに　3dL　入って　います。

1L5dL

3dL

①　ジュースは　あわせて　どれだけ　ありますか。(5×2)

しき

答《こた》え

②　2つの　入れものに　入って　いる　ジュースの　かさの　ちがいは　どれだけですか。(5×2)

しき

答え

6　やかんに　麦茶《むぎちゃ》が　2L3dL　入って　います。1L　のむと，やかんに　のこって　いる　麦茶は　何L何dLに　なりますか。また，それは　何dLですか。(5×3)

しき

答え　□L□dL，□dL

7　水そうに　水が　7L6dL　入って　います。バケツで　水を　2L　入れました。水そうの　水は　何L何dLに　なりましたか。　また，それは　何dLですか。(5×3)

しき

答え　□L□dL，□dL

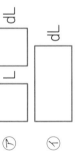

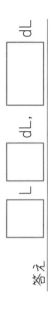

月　日

7 時こくと　時間

時こくと　時間（1）

なまえ

● 下の　絵《え》を　見て　答《こた》えましょう。

㋐ えきに　つく　　㋑ 電車《でんしゃ》に　のる　　㋒ 電車を　おりる

① 上の　絵の　それぞれの　時《じ》こくを　書きましょう。

㋐（　　　）　㋑（　　　）　㋒（　　　）

② えきに　ついてから，　電車に　のるまでに　かかった　時間《じかん》は　何分《なんぷん》ですか。

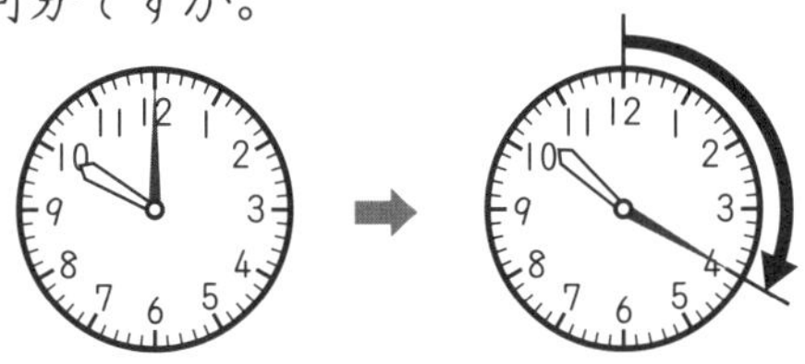

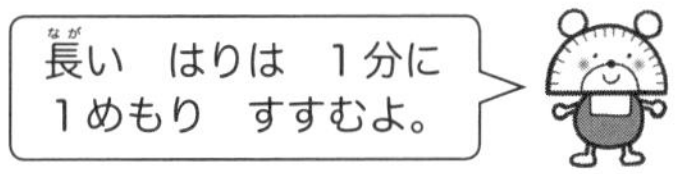

（　　　）分

③ えきに　ついてから，電車を　おりるまでに　かかった　時間は　何分ですか。また，それは　何時間ですか。

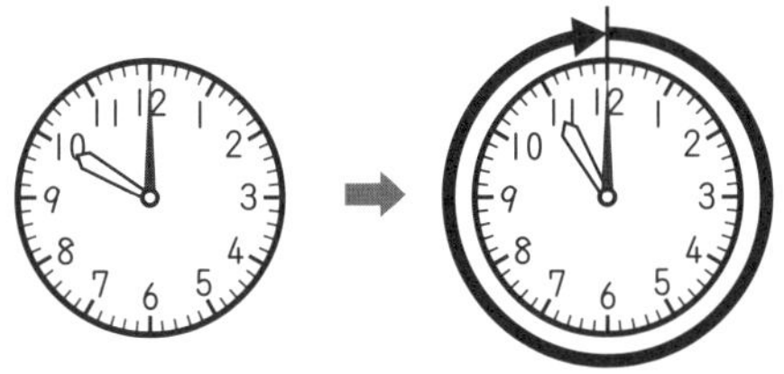

（　　　）分

（　　　）時間

月　日

7 時こくと　時間

時こくと　時間（2）

なまえ

● ㋐と　㋑の　時《じ》こくを　書《か》きましょう。また，㋐から　㋑までの　時間《じかん》は　どれだけですか。

① ㋐　㋑

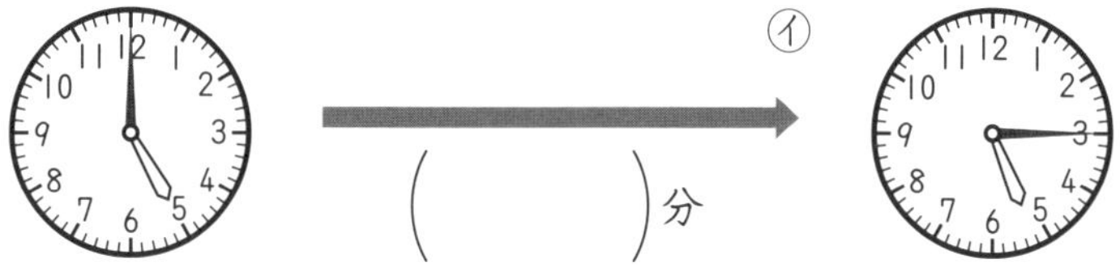

（　　　）分

（　　　）　（　　　）

② ㋐　㋑

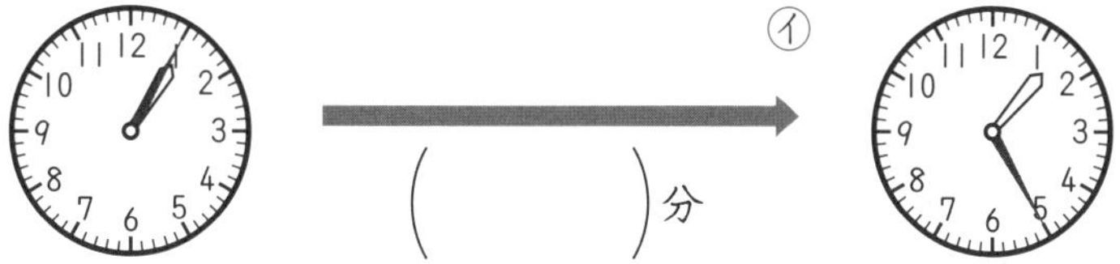

（　　　）分

（　　　）　（　　　）

③ ㋐　㋑

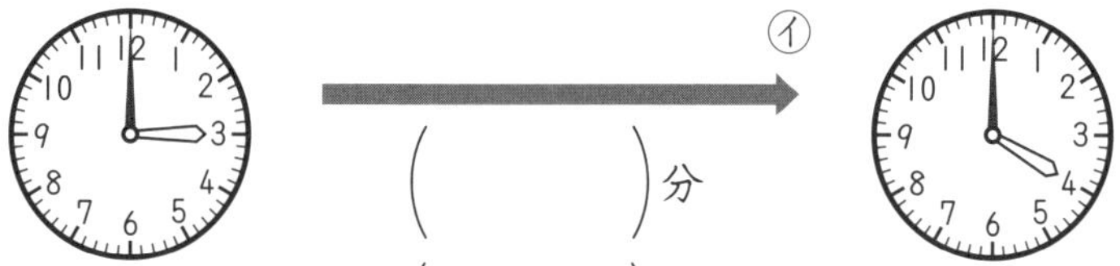

（　　　）分

（　　　）時間

（　　　）　（　　　）

④ ㋐　㋑

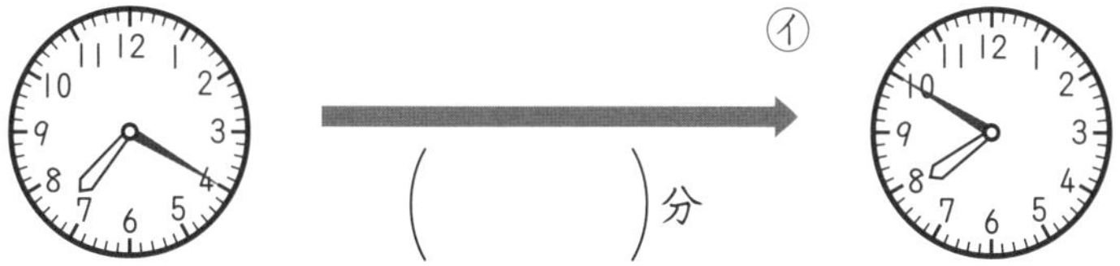

（　　　）分

（　　　）　（　　　）

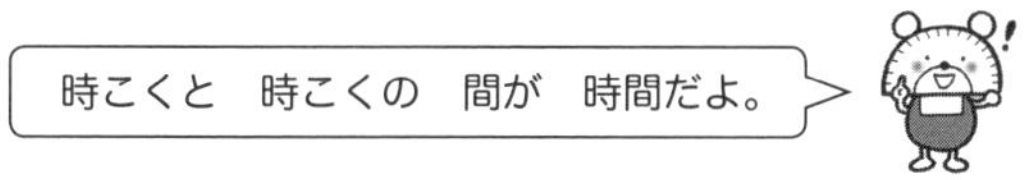

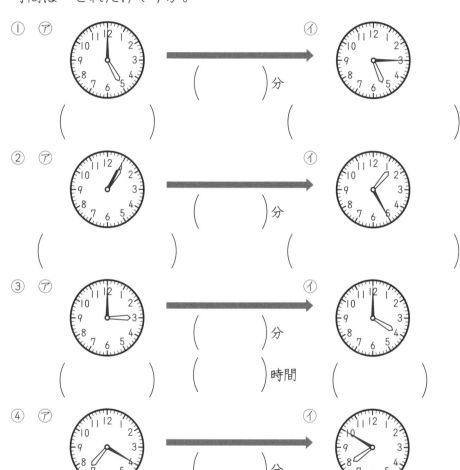

月　日

7 時こくと　時間

時こくと　時間（3）

なまえ

1 今《いま》の　時《じ》こくは　3時30分《ぶん》です。
つぎの　時こくを　書《か》きましょう。

① 1時間後《じかんあと》
（　　　　　）

② 1時間前《まえ》
（　　　　　）

③ 10分前
（　　　　　）

④ 10分後
（　　　　　）

⑤ 20分前
（　　　　　）

⑥ 30分後
（　　　　　）

2 （　）に　あてはまる　数《かず》を　書きましょう。

① 1時間10分＝（　　　）分

② 1時間30分＝（　　　）分

③ 80分＝（　　　）時間（　　　）分

④ 95分＝（　　　）時間（　　　）分

⑤ 100分＝（　　　）時間（　　　）分

月　日

7 時こくと　時間

時こくと　時間（4）

なまえ

● つぎの　時《じ》こくを　書《か》きましょう。

① 1時間前《まえ》　　今《いま》　　1時間後《じかんあと》

（　　　　　）（8時20分）（　　　　　）

トライ ② 42分前《まえ》　　今　　42分後

（　　　　　）（　　　　　）（　　　　　）

トライ ③ 35分前《まえ》　　今　　35分後

（　　　　　）（　　　　　）（　　　　　）

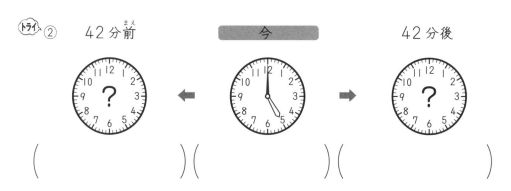

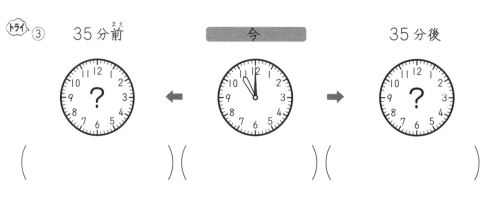

7 時こくと　時間

時こくと　時間（5）

● 下の　絵《え》は，ある日の　ゆうきさんの　１日の　ようすです。

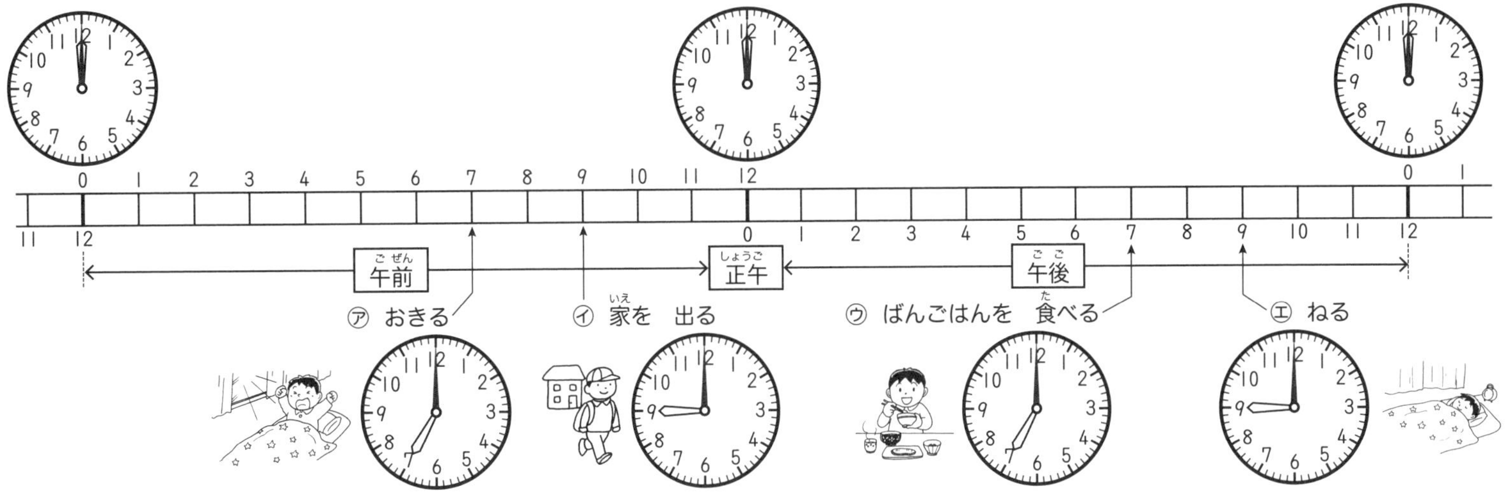

① 上の　絵の　㋐，㋑，㋒，㋓の　時《じ》こくを，午前，午後を　つかって　書《か》きましょう。

㋐（　　　　　）　㋑（　　　　　）

㋒（　　　　　）　㋓（　　　　　）

② 午前，午後は，それぞれ　何時間《なんじかん》ですか。　（　　　）時間

③ １日は　何時間ですか。　（　　　）時間

④ みじかい　はりは，１日に　何回《なんかい》　回《まわ》りますか。　（　　　）回

⑤ 家を　出てから　ばんごはんを　食べるまでの　時間は　何時間ですか。

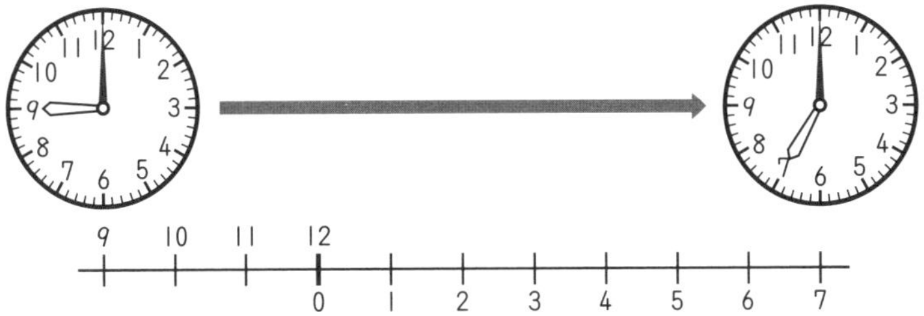

（　　　）時間

⑥ ゆうきさんが　おきて　いた　時間は　何時間ですか。　（　　　）時間

7 時こくと　時間

時こくと　時間（6）

● こうたさんは　どうぶつ園《えん》へ　行《い》きました。下の　絵《え》を　見て　答《こた》えましょう。

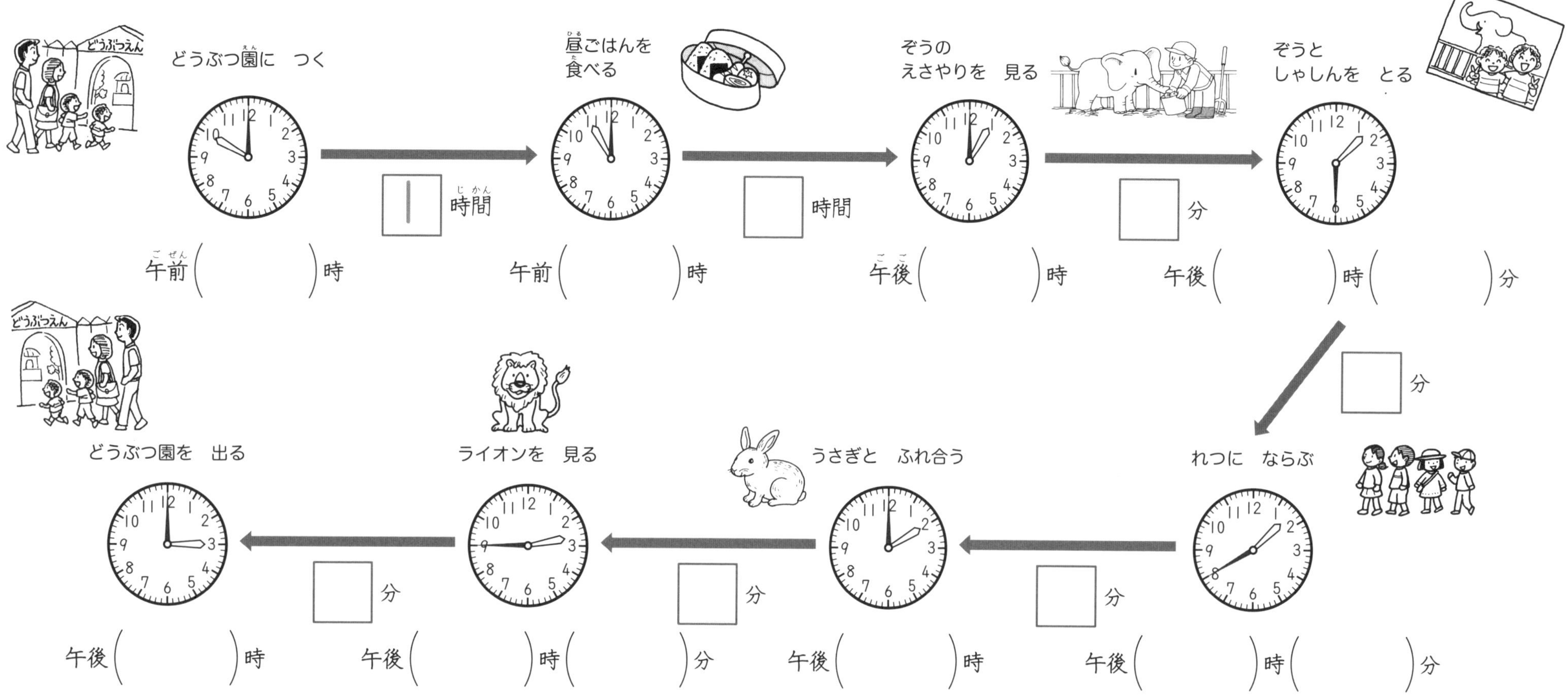

① 時計《とけい》の　時こくを　（　　）に，かかった時間を　□に　書きましょう。

② どうぶつ園に　いた　時間は　何時間《なんじかん》ですか。

（　　　）時間

③ （　　）に　「時間」か　「時こく」の　どちらか　正しい　ほうを　書きましょう。

昼ごはんを　食べはじめた（　　　　）は，11 時です。

食べはじめてから，ぞうの　えさやりを　見るまでに

かかった（　　　　）は，2 時間でした。

月　　日

7 ふりかえり・たしかめ (1)

時こくと　時間

なまえ

1　㋐から　㋑までの　時間《じかん》は　どれだけですか。

① ㋐ ㋑

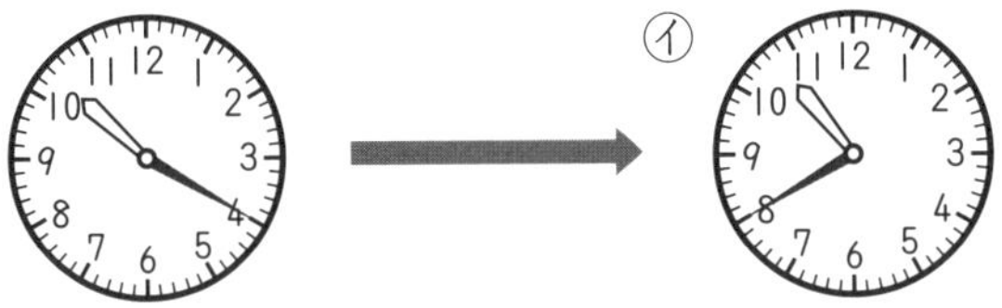

（　　　）分

② ㋐ ㋑

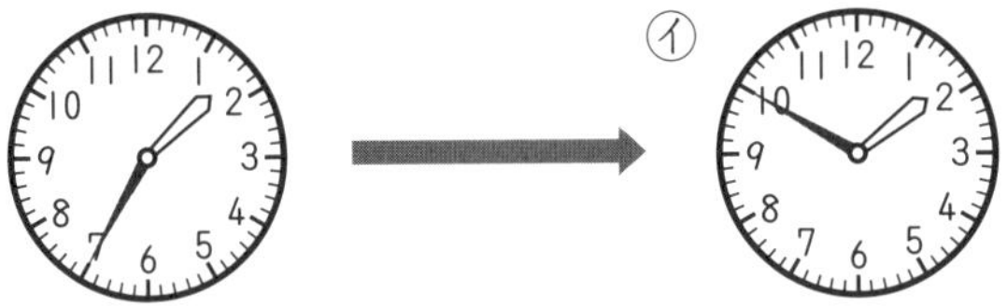

（　　　）分

2　今《いま》の　時こくは　5時40分《ぶん》です。
つぎの　時こくを　書《か》きましょう。

① 1時間後《あと》の　時こく　（　　　　　）

② 1時間前《まえ》の　時こく　（　　　　　）

③ 40分前の　時こく　（　　　　　）

④ 15分後の　時こく　（　　　　　）

月　　日

7 ふりかえり・たしかめ (2)

時こくと　時間

なまえ

1　（　　）に　あてはまる　数《かず》を　書《か》きましょう。

① 長《なが》い　はりが　1めもり　すすむ　時間《じかん》は　（　　　）分

② 1時間＝（　　　）分

③ 1時間20分《ぶん》＝（　　　）分

④ 90分＝（　　　）時間（　　　）分

⑤ 午前《ごぜん》，午後《ごご》は，それぞれ（　　　）時間

⑥ 1日＝（　　　）時間

⑦ みじかい　はりは，1日に　（　　　）回《かい》　回《まわ》る。

2　つぎの　時こくを　午前，午後を　つかって　書きましょう。

① 朝《あさ》

（　　　　　）

② 夜《よる》

（　　　　　）

3　午前11時から　午後2時まで　友《とも》だちの　家《いえ》で　あそびました。
友だちの　家に　いた　時間は　何時間《なんじかん》ですか。

午前11時　　午後2時

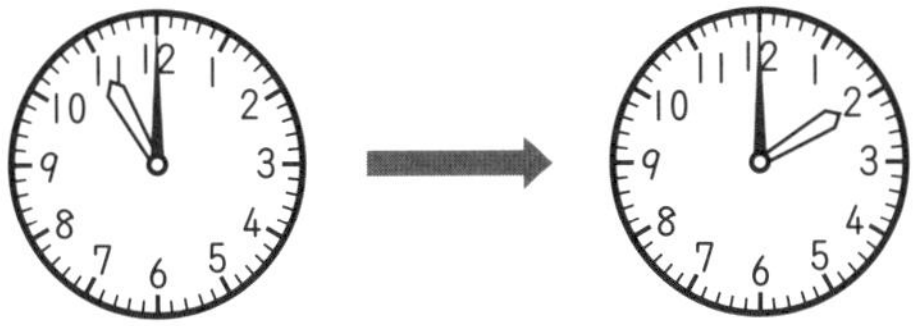

（　　　　　）

7 まとめのテスト
時こくと　時間

月　　日

なまえ

【知識・技能】

1　㋐から　㋑までの　時間は　どれだけ　ですか。(5 × 3)

① 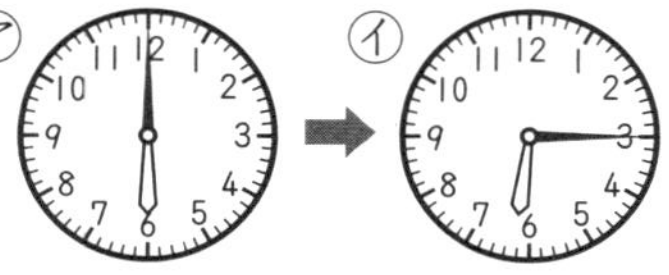　(　　　)分《ふん》

② 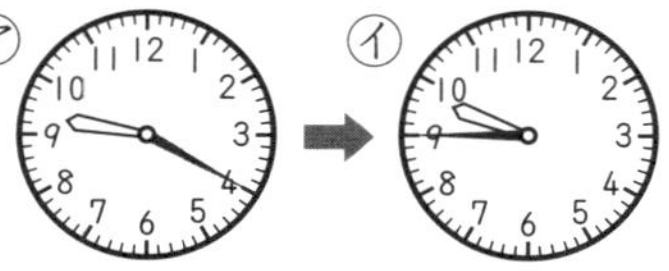　(　　　)分

③ 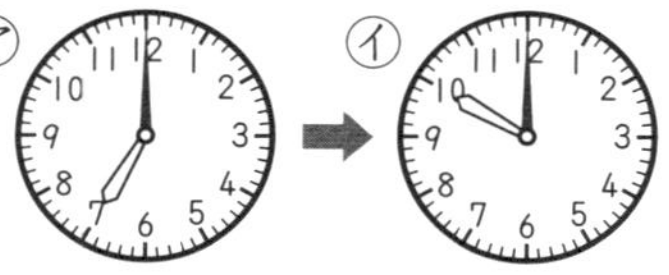　(　　　)時間

2　時計《とけい》を　見て，つぎの　時こくを　書《か》きましょう。(5 × 4)

①　30分後《あと》

　(　　　　　　)

②　20分前《まえ》

　(　　　　　　)

③　1時間前

　(　　　　　　)

④　1時間後

　(　　　　　　)

3　(　　)に　あてはまる　数《かず》を　書きましょう。(5 × 3)

①　1時間40分＝(　　　)分

②　70分＝(　　　)時間(　　　)分

③　1日＝(　　　)時間

【思考・判断・表現】

4　かずきさんは　水ぞくかんへ　行《い》きました。下の　絵《え》を　見て　答《こた》えましょう。

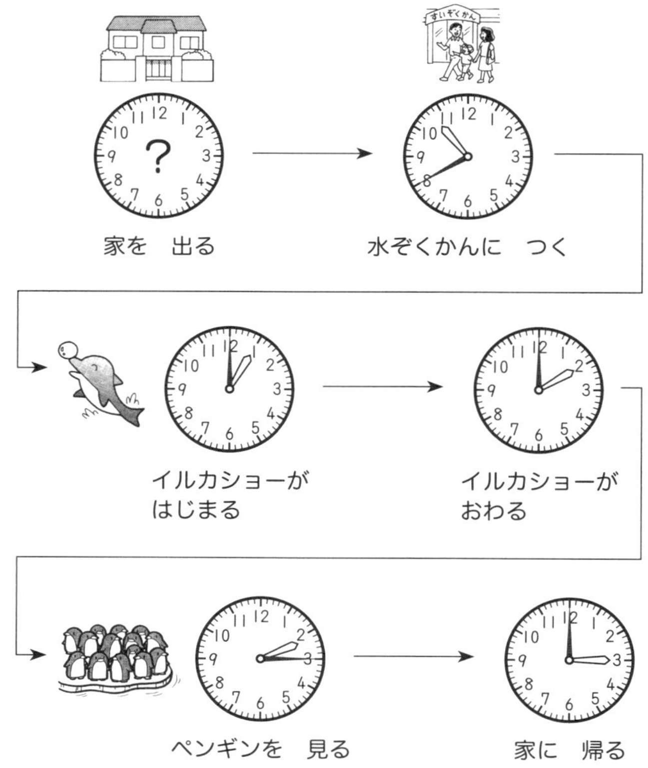

①　家を　出てから　水ぞくかんに　つくまで　40分　かかりました。家を　出た　時こくは　何《なん》時《じ》ですか。午《ご》前《ぜん》か　午《ご》後《ご》を　つかって　書きましょう。(10)

(　　　　　　)

②　イルカショーが　はじまってから　おわるまでの　時間は　何時間ですか。また，それは　何分ですか。(10 × 2)

(　　　)時間

(　　　)分

③　ペンギンを　見た　時こくを，午前か　午後を　つかって　書きましょう。(10)

(　　　　　　)

④　家を　出てから　家に　帰るまでの　時間は　何時間ですか。(10)

(　　　)時間

月　　日

8 計算の　くふう
たし算の　きまり (1)

なまえ

1 りんごの　あめが　6こ　あります。　今日《きょう》，りんごの　あめを　13こと　みかんの　あめを　7こ　買《か》いました。　あめは　ぜんぶで　何《なん》こに　なりましたか。　□に　あてはまる　数《かず》を　書《か》きましょう。

㋐ りんごの　あめの　数を　先に　計算《けいさん》する。

(□ + □) + □ = □ + □

= □

㋑ 今日　買った　あめの　数を　先に　計算する。

□ + (□ + □) = □ + □

= □

たす　じゅんじょを
かえても，答えは
同《おな》じに　なるね。

答《こた》え □ こ

2 計算《けいさん》を　しましょう。

① 21 + (2 + 8)

② 18 + (15 + 5)

③ 9 + (3 + 17)

(《かっこ》) は　ひとまとまりの
数を　あらわし，
先に　計算するよ。

月　　日

8 計算の　くふう
たし算の　きまり (2)

なまえ

1 公園《こうえん》で，1年生が　18人，2年生が　20人　あそんで　います。そこへ　2年生が　30人　来《き》ました。公園には，みんなで　何人《なんにん》　いますか。(《かっこ》) を　つかって，㋐，㋑　それぞれに　合《あ》う　しきを　書《か》いて，答《こた》えを　もとめましょう。

㋐ はじめに　公園に　いた　人数《にんずう》を　先に　計算《けいさん》する。

しき

㋑ 先に　2年生の　人数を　計算する。

しき

答え

2 たしざんの　じゅんじょを　かえたり，(　　) を　つかって，くふうして　計算しましょう。

① 8 + 11 + 9

② 7 + 24 + 6

③ 33 + 19 + 7

たす　じゅんじょを
かえると，計算が
かんたんに　なるね。

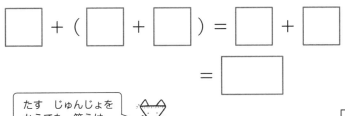

月　　日

8 計算の　くふう
たし算と　ひき算

なまえ

1　くふうして　計算《けいさん》します。□に　あてはまる　数《かず》を　書《か》きましょう。

①　34 + 8

㋐　34 + 8

30　4

まず　4と □ を　たして □

つぎに　30と □ を　たして □

㋑　34 + 8

6　2

まず　34と □ を　たして □

つぎに □ と　2を　たして □

②　51 − 5

㋐　51 − 5

40　11

まず　11から □ を　ひいて □

つぎに　40と □ を　たして □

㋑　51 − 5

1　4

まず　51から □ を　ひいて □

つぎに □ から　4を　ひいて □

2　くふうして　計算しましょう。

①　57 + 4　②　49 + 6　③　35 + 5

④　8 + 28　⑤　3 + 17　⑥　6 + 66

⑦　42 − 6　⑧　71 − 9　⑨　25 − 8

⑩　30 − 3　⑪　83 − 5　⑫　54 − 7

月　　日

8 ふりかえり・たしかめ
計算の　くふう

なまえ

1　ことなさんは，15円の　ラムネと　50円の　えんぴつを　買《か》いました。弟《おとうと》は，30円の　けしゴムを　買いました。2人　あわせて　いくら　つかったかを　考《かんが》えます。つぎの　㋐，㋑に　合《あ》うように，しきに　(　)《かっこ》を　書《か》いて，答《こた》えを　もとめましょう。

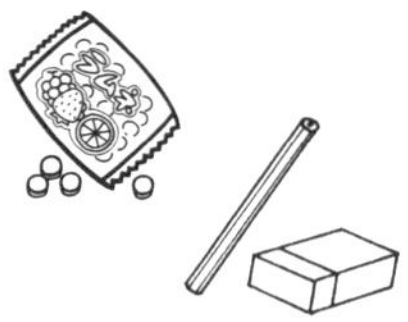

㋐　ことなさんが　買った　分《ぶん》を　先に　計算《けいさん》する。

しき　15 + 50 + 30

㋑　文ぼうぐの　だい金を　先に　計算する。

しき　15 + 50 + 30

答え ________

2　くふうして　計算しましょう。

①　5 + 24 + 6

②　9 + 55 + 5

③　23 + 38 + 2

④　19 + 28 + 1

⑤　68 + 4

⑥　43 − 9

8 まとめのテスト
計算の　くふう

なまえ

【知識・技能】

1　赤色《あかいろ》の　ペンが　26本，青色の　ペンが　13本，黄色《きいろ》の　ペンが　7本　あります。ペンは，ぜんぶで　何本《なんぼん》　ありますか。□に　あてはまる数《かず》を　書《か》きましょう。(5×3)

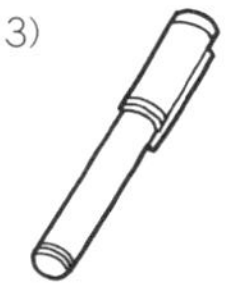

①　赤色の　ペンと　青色の　ペンの　数を　先に　計算《けいさん》します。

(□＋□)＋□＝□

②　青色の　ペンと　黄色の　ペンの　数を　先に　計算します。

□＋(□＋□)＝□

③　答《こた》え　□本

2　(《かっこ》　)の　中を　先に　計算して，答えを出しましょう。(5×2)

①　15＋(8＋12)

②　48＋(24＋6)

3　数を　よく　見て，くふうして　計算しましょう。(5×5)

①　4＋17＋3

②　14＋7＋6

③　37＋8

④　9＋62

⑤　84－7

【思考・判断・表現】

4　うさぎの　シールを　14まい，コアラの　シールを　5まい　もって　います。お姉《ねえ》さんから　コアラの　シールを　15まい　もらいました。　シールは　ぜんぶで　何まいに　なりましたか。(　　)をつかって，㋐，㋑の　2とおりのしきを書いて，答えを　もとめましょう。

㋐　はじめに　もって　いた　シールの　まい数《すう》を　先に　計算する。(しき10，答え5)

しき

答《こた》え

㋑　コアラの　シールの　まい数を　先に　計算する。(しき10，答え5)

しき

答え

5　くりひろいを　しました。しょうたさんは　19こ，お兄《にい》さんは　22こ，妹《いもうと》は　8こ　ひろいました。くりは　ぜんぶで　何こ　ありますか。ゆみさんの　考《かんが》えに　合《あ》う　ように，(　　)を　つかった　1つの　しきに　あらわして，答えを　もとめましょう。(10×2)

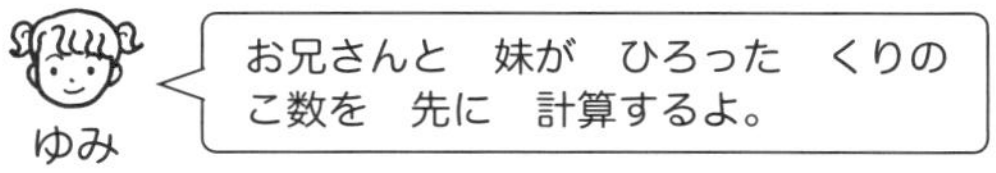

しき

答え

9 たし算と　ひき算の　ひっ算

たし算の　ひっ算（1）

なまえ

くり上がり１回

● ミニトマトが　きのう　52こ　とれました。今日《きょう》は，64こ　とれました。　ミニトマトは，あわせて　何《なん》こ　とれましたか。

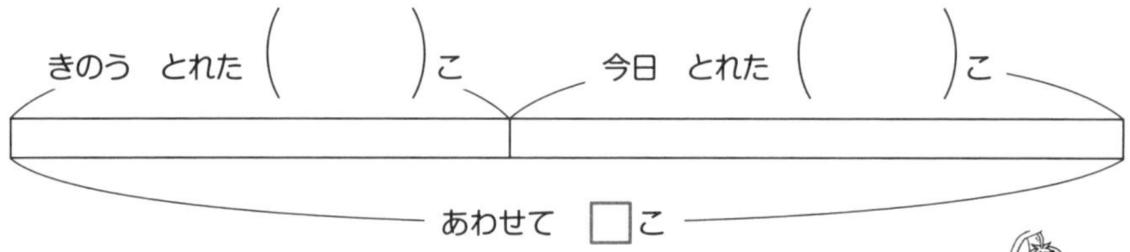

① 上の　図《ず》の　（　　）に，数《かず》を　書《か》きましょう。

② しきを　書きましょう。　□　＋　□

③ ②の　計算を　ひっ算で　しましょう。

百のくらいに　1
くり上げるよ。

十のくらいの　一のくらいの

$$\begin{array}{rrr} & 5 & 2 \\ + & 6 & 4 \\ \hline & & \end{array} \rightarrow \begin{array}{rrr} & 5 & 2 \\ + & 6 & 4 \\ \hline & & \square \end{array} \rightarrow \begin{array}{rrr} & 5 & 2 \\ + & 6 & 4 \\ \hline \square & \square & 6 \end{array}$$

くらいを　たてに　そろえて　書く。

一のくらいの　計算　2＋4＝□

十のくらいの　計算　5＋6＝□

④ 答《こた》えを　書きましょう。

52＋64＝□

$$\begin{array}{rrr} & 5 & 2 \\ + & 6 & 4 \\ \hline \square & \square & \square \end{array}$$

答《こた》え　□こ

9 たし算と　ひき算の　ひっ算

たし算の　ひっ算（2）

なまえ

くり上がり１回

① 53＋94　② 65＋72　③ 31＋84

④ 60＋93　⑤ 80＋81　⑥ 70＋75

⑦ 46＋62　⑧ 27＋82　⑨ 73＋33

⑩ 50＋54　⑪ 40＋62　⑫ 90＋17

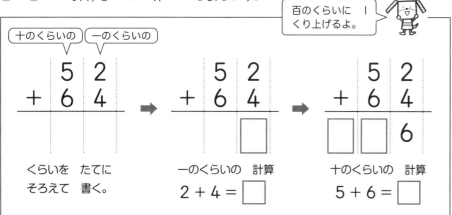

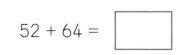

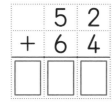

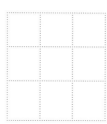

月　　日

9 たし算と　ひき算の　ひっ算

たし算の　ひっ算 (3)

なまえ

くり上がり 2 回

1 85 + 79 を　ひっ算《さん》で　します。□に　あてはまる　数《かず》を　書《か》きましょう。

十のくらい　一のくらい

	8	5
+	7	9

➡

	①	
	8	5
+	7	9
		4

➡

		①	
		8	5
+		7	9
	1	6	4

一のくらいの　計算《けいさん》

5 + 9 = □

十のくらいに

□　くり上げる。

十のくらいの　計算

くり上げた □ と　8で □

□ + 7 = □

85 + 79 = □

2 ひっ算で　しましょう。

① 67 + 74　② 48 + 96　③ 56 + 69　④ 74 + 88

⑤ 59 + 95　⑥ 45 + 77　⑦ 68 + 85　⑧ 86 + 97

月　　日

9 たし算と　ひき算の　ひっ算

たし算の　ひっ算 (4)

なまえ

くり上がり 2 回

① 63 + 57　② 92 + 88　③ 49 + 81

④ 76 + 25　⑤ 44 + 58　⑥ 67 + 37

⑦ 54 + 46　⑧ 28 + 72　⑨ 96 + 4

⑩ 98 + 9　⑪ 6 + 97　⑫ 8 + 98

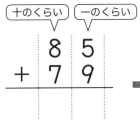

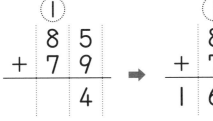

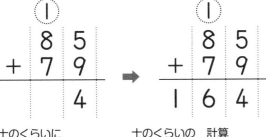

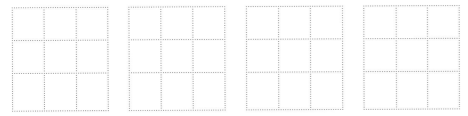

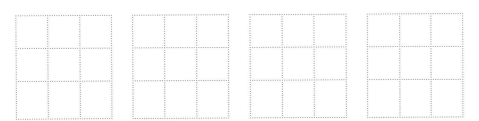

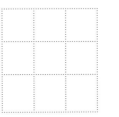

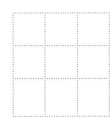

月　　日

9 たし算と　ひき算の　ひっ算

たし算の　ひっ算（5）

なまえ

くり上がり２回

1　ひっ算《さん》で　しましょう。

① 39＋87　② 3＋97　③ 48＋52　④ 65＋85

⑤ 73＋99　⑥ 89＋17　⑦ 95＋8　⑧ 74＋66

⑨ 36＋64　⑩ 75＋27　⑪ 88＋58　⑫ 6＋98

トライ

2　□に　数字《すうじ》を　入れ，正しい　ひっ算を　つくりましょう。

① 　5□
＋ 4 9
―――
102

② 　6□
＋□7
―――
□05

③ 　4 7
＋□6
―――
□0□

④ 　　9
＋□2
―――
101

月　　日

9 たし算と　ひき算の　ひっ算

たし算の　ひっ算（6）

なまえ

くり上がり２回

① 32＋78　② 7＋99　③ 57＋74　④ 44＋86

⑤ 28＋76　⑥ 25＋75　⑦ 68＋95　⑧ 98＋2

⑨ 59＋49　⑩ 83＋17　⑪ 35＋68　⑫ 89＋38

⑬ 97＋8　⑭ 87＋73　⑮ 24＋98

月　日

9 たし算と　ひき算の　ひっ算

たし算の　ひっ算（7）

なまえ

くり上がり１回・２回

① 52＋95　② 40＋79　③ 57＋85　④ 3＋99

⑤ 44＋96　⑥ 51＋54　⑦ 82＋78　⑧ 43＋83

⑨ 95＋9　⑩ 69＋55　⑪ 77＋26　⑫ 80＋21

⑬ 76＋99　⑭ 64＋71　⑮ 37＋63

月　日

9 たし算と　ひき算の　ひっ算

れんしゅう（1）

なまえ

1 ひっ算《さん》で　しましょう。

① 90＋67　② 86＋15　③ 32＋94　④ 87＋47

⑤ 75＋95　⑥ 95＋12　⑦ 99＋6　⑧ 82＋76

⑨ 30＋79　⑩ 89＋11　⑪ 61＋54　⑫ 4＋99

2 おはじきが　96こ　あります。お姉《ねえ》さんから　36こ　もらいました。　おはじきは，ぜんぶで　何《なん》こに　なりましたか。

しき

答《こた》え

月　日

9 たし算と　ひき算の　ひっ算
れんしゅう (2)

なまえ

1 ひっ算《さん》で　しましょう。

① 35 + 78　② 98 + 7　③ 75 + 54　④ 50 + 88

⑤ 60 + 46　⑥ 62 + 39　⑦ 92 + 8　⑧ 36 + 72

⑨ 9 + 99　⑩ 59 + 61　⑪ 57 + 43　⑫ 81 + 97

2 68円の　ジュースを　1本と　35円のチョコレートを　1こ　買《か》います。だい金は　いくらに　なりますか。

しき

答《こた》え

月　日

9 たし算と　ひき算の　ひっ算
れんしゅう (3)

なまえ

1 ひっ算《さん》で　しましょう。

① 68 + 32　② 48 + 55　③ 67 + 83　④ 44 + 73

⑤ 70 + 33　⑥ 5 + 97　⑦ 93 + 8　⑧ 63 + 65

⑨ 43 + 66　⑩ 93 + 68　⑪ 85 + 51　⑫ 30 + 92

2 下の　しきの　□に　あてはまる　数《かず》は　どれですか。
㋐〜㋔から　すべて　えらびましょう。　(　　　　)

46 + □ ＞ 100

㋐ 44　㋑ 49　㋒ 53　㋓ 55　㋔ 62

月　　日

9 たし算と　ひき算の　ひっ算

ひき算の　ひっ算 (1)

なまえ

くり下がり 1 回

● ミニトマトが　116こ　とれました。35こ　食《た》べると，のこりは　何《なん》こですか。

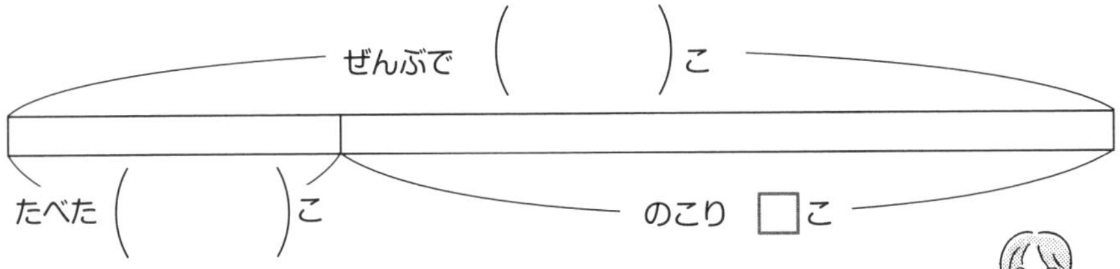

① 上の　図《ず》の　（　　）に，数《かず》を　書《か》きましょう。

② しきを　書きましょう。　□ － □

③ ②の　計算を　ひっ算で　しましょう。

百のくらい　十のくらい　一のくらい

1	1	6
−	3	5

くらいを　たてに
そろえて　書く。

➡

1	1	6
−	3	5
		□

一のくらいの　計算
6 － 5 ＝ □

➡

~~1~~	1	6
−	3	5
	□	1

十のくらいの　計算
百のくらいから
□ くり下げる
11 － 3 ＝ □

④ 答《こた》えを　書きましょう。

116 － 35 ＝ □

1	1	6
−	3	5
	□	□

答《こた》え □ こ

月　　日

9 たし算と　ひき算の　ひっ算

ひき算の　ひっ算 (2)

なまえ

くり下がり 1 回

① 148 － 52　　② 165 － 91　　③ 126 － 74

④ 134 － 80　　⑤ 152 － 60　　⑥ 113 － 43

⑦ 177 － 97　　⑧ 103 － 42　　⑨ 106 － 53

⑩ 109 － 35　　⑪ 104 － 14　　⑫ 108 － 68

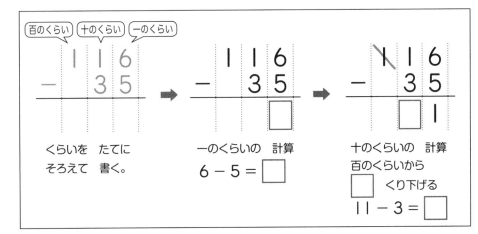

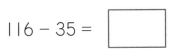

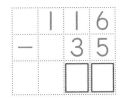

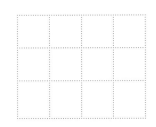

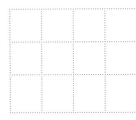

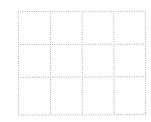

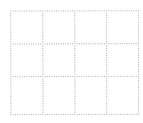

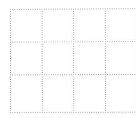

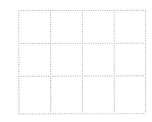

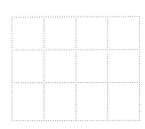

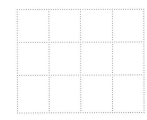

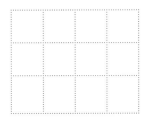

月　　日

9 たし算と　ひき算の　ひっ算

ひき算の　ひっ算 (3)

なまえ

くり下がり 2 回

1　153 − 78 を　ひっ算《さん》で　します。□に　あてはまる　数《かず》を　書《か》きましょう。

```
      4
    1 5 3
−     7 8
─────────
        □
```

一のくらいの　計算

十のくらいから □ くり下げる

13 − 8 = □

```
      4
    1 5 3
−     7 8
─────────
      □ 5
```

十のくらいの　計算

1　くり下げたので　十のくらいは □

百のくらいから □ くり下げる

14 − 7 = □

153 − 78 = □

2　ひっ算で　しましょう。

① 115 − 89　② 172 − 95　③ 121 − 43　④ 154 − 78

⑤ 130 − 38　⑥ 140 − 67　⑦ 110 − 54　⑧ 170 − 86

月　　日

9 たし算と　ひき算の　ひっ算

ひき算の　ひっ算 (4)

なまえ

くり下がり 2 回

① 127 − 59　② 162 − 98　③ 120 − 51

④ 141 − 62　⑤ 112 − 37　⑥ 138 − 79

⑦ 150 − 74　⑧ 153 − 66　⑨ 174 − 95

⑩ 146 − 89　⑪ 125 − 48　⑫ 110 − 82

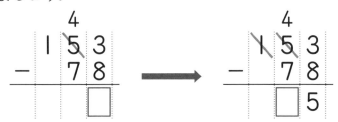

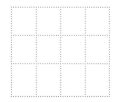

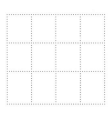

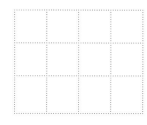

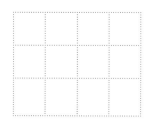

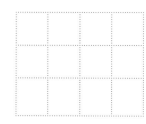

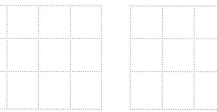

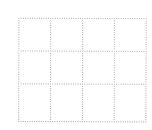

月　　日

9 たし算と　ひき算の　ひっ算

ひき算の　ひっ算（5）

なまえ

くり下がり 2 回

① 104 − 57

		9	
		10	
	1	0	4
−		5	7

はじめに，百のくらいから
十のくらいに　1　くり下げて，
つぎに，十のくらいから
一のくらいに　1　くり下げるよ。

② 103 − 28　③ 106 − 59　④ 105 − 78

⑤ 101 − 42　⑥ 107 − 88　⑦ 102 − 34

⑧ 108 − 19　⑨ 105 − 96　⑩ 103 − 67

月　　日

9 たし算と　ひき算の　ひっ算

ひき算の　ひっ算（6）

なまえ

くり下がり 2 回

① 106 − 38　② 101 − 99　③ 104 − 55

④ 100 − 43　⑤ 100 − 96　⑥ 100 − 25

⑦ 102 − 8　⑧ 107 − 9　⑨ 103 − 6

⑩ 100 − 2　⑪ 100 − 7　⑫ 100 − 5

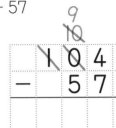

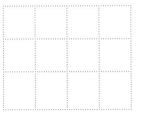

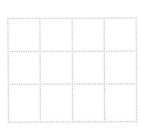

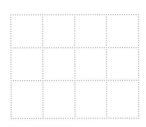

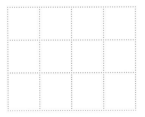

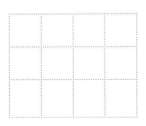

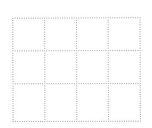

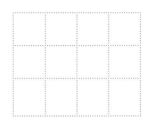

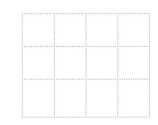

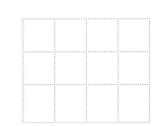

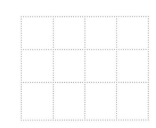

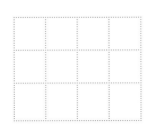

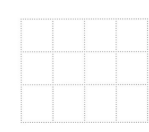

月　　日

9 たし算と　ひき算の　ひっ算
ひき算の　ひっ算 (7)

なまえ

くり下がり 2 回

1　つぎの　ひっ算《さん》の　まちがいを　見つけて，正しく　計算《けいさん》しましょう。

①

	1	0	2
−		3	5
		7	7

②

	1	0	0
−		4	2
		6	8

2　□に　数字《すうじ》を　入れて，しきを　つくりましょう。

10□ − 9□ ＝ 6

トライ

3　□に　数字を　入れ，正しい　ひっ算を　つくりましょう。

①

```
   1 □ 0
 −   9 □
 ───────
       3
```

②

```
   □ 0 5
 −     6
 ───────
     9 □
```

③

```
   1 0 □
 −   □ 6
 ───────
     5 5
```

4　どんぐりが　104 こ　あります。15 こ　つかいました。
どんぐりは，何《なん》こ　のこって　いますか。

しき

答え

月　　日

9 たし算と　ひき算の　ひっ算
ひき算の　ひっ算 (8)

なまえ

くり下がり 2 回

① 132 − 67　② 100 − 8　③ 102 − 39　④ 100 − 63

⑤ 101 − 7　⑥ 120 − 62　⑦ 177 − 99　⑧ 100 − 1

⑨ 104 − 25　⑩ 140 − 95　⑪ 150 − 55　⑫ 106 − 9

⑬ 113 − 25　⑭ 100 − 34　⑮ 108 − 59

月　日

9 たし算と　ひき算の　ひっ算

ひき算の　ひっ算（9）

なまえ

くり下がり１回・２回

① 125 − 42　② 112 − 33　③ 103 − 87　④ 165 − 95

⑤ 100 − 3　⑥ 143 − 70　⑦ 120 − 32　⑧ 102 − 11

⑨ 107 − 43　⑩ 106 − 68　⑪ 112 − 71　⑫ 184 − 97

⑬ 102 − 3　⑭ 104 − 74　⑮ 100 − 51

月　日

9 たし算と　ひき算の　ひっ算

ひき算の　ひっ算（10）

なまえ

くり下がり１回・２回

1 ひっ算《さん》で　しましょう。

① 139 − 80　② 110 − 61　③ 108 − 91　④ 100 − 75

⑤ 164 − 92　⑥ 158 − 73　⑦ 105 − 17　⑧ 104 − 9

⑨ 109 − 99　⑩ 155 − 78　⑪ 100 − 6　⑫ 173 − 83

2 ぜんぶで　143 ページの　本が　あります。52 ページ読《よ》むと，のこりは　何《なん》ページに　なりますか。

しき

答《こた》え

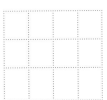

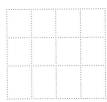

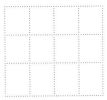

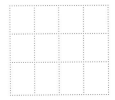

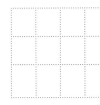

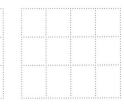

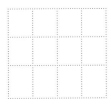

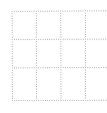

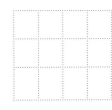

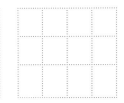

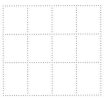

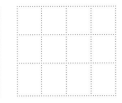

月　　日

9 たし算と　ひき算の　ひっ算

ひき算の　ひっ算（11）

なまえ

くり下がり１回・２回

1　ひっ算《さん》で　しましょう。

① 102 − 82　② 100 − 4　③ 124 − 34　④ 100 − 22

⑤ 107 − 8　⑥ 134 − 63　⑦ 150 − 84　⑧ 132 − 92

⑨ 125 − 40　⑩ 142 − 85　⑪ 103 − 21　⑫ 101 − 13

2　ちゅう車場《しゃじょう》に　車が　105台《だい》　とまって　いました。15台《だい》出て　いきました。ちゅう車場の　車は　何台《なんだい》に　なりましたか。

しき

答《こた》え

月　　日

9 たし算と　ひき算の　ひっ算

ひき算の　ひっ算（12）

なまえ

くり下がり１回・２回

1　ひっ算《さん》で　しましょう。

① 104 − 39　② 107 − 67　③ 154 − 60　④ 161 − 92

⑤ 159 − 89　⑥ 100 − 46　⑦ 106 − 33　⑧ 102 − 4

⑨ 160 − 73　⑩ 149 − 57　⑪ 100 − 9　⑫ 127 − 30

2　トマトと　なすを　買うと，あわせて　130円でした。トマトは　72円です。トマトと　なすでは，どちらが　いくら　高いですか。

しき

答《こた》え

9 たし算と　ひき算の　ひっ算

大きい　数の　ひっ算（1）

月　　日

なまえ

① 523 + 45　② 341 + 34　③ 21 + 267

④ 736 + 28　⑤ 47 + 415　⑥ 83 + 609

⑦ 503 + 37　⑧ 457 + 8　⑨ 5 + 269

⑩ 305 + 5　⑪ 9 + 802　⑫ 4 + 706

これまでと　同《おな》じように　一のくらいから
じゅんに　計算《けいさん》しよう。

9 たし算と　ひき算の　ひっ算

大きい　数の　ひっ算（2）

月　　日

なまえ

① 638 − 27　② 485 − 41　③ 726 − 24

④ 573 − 56　⑤ 965 − 36　⑥ 342 − 18

⑦ 855 − 46　⑧ 460 − 22　⑨ 684 − 7

⑩ 792 − 9　⑪ 314 − 6　⑫ 240 − 3

月　日

9 ふりかえり・たしかめ (1)

たし算と　ひき算の　ひっ算

なまえ

1 ひっ算《さん》で　しましょう。

① 62＋84　② 37＋98　③ 48＋72　④ 96＋8

⑤ 127－52　⑥ 140－67　⑦ 172－75　⑧ 105－86

2 なわとびを，きのうは 73 回《かい》，今日《きょう》は　88 回　とびました。
あわせて　何回《なんかい》　とびましたか。

しき

答《こた》え

3 くじが　100 本　あります。そのうち，あたりは　12 本です。
はずれは　何本ですか。

しき

答え

月　日

9 ふりかえり・たしかめ (2)

たし算と　ひき算の　ひっ算

なまえ

1 ひっ算《さん》で　しましょう。

① 46＋61　② 75＋79　③ 37＋68　④ 4＋99

⑤ 106－34　⑥ 152－86　⑦ 102－7　⑧ 100－52

2 さくらんぼが　おさらに　24 こ，はこに　80 こ　入って
います。　さくらんぼは，あわせて　何こ　ありますか。

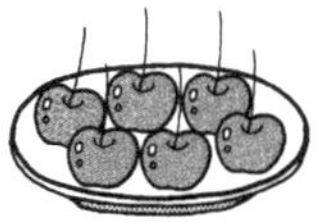

しき

答《こた》え

3 58 円の　クッキーと　25 円の　ガムを　買います。
100 円玉で　はらうと，おつりは　いくらですか。

しき

答え

月　日

9 ふりかえり・たしかめ (3)

たし算と　ひき算の　ひっ算

なまえ

1 ひっ算《さん》で　しましょう。

① 511＋46　② 239＋17　③ 604＋6

④ 774－53　⑤ 342－23　⑥ 414－8

2 523円の　ふでばこと　69円の　えんぴつを　買《か》います。
だい金は　いくらに　なりますか。

しき

答《こた》え

3 つぎの　ひっ算が　正しければ　○を，まちがって　いれば
正しい　答えを，(　　　)に　書きましょう。

①
$$\begin{array}{r} 64 \\ +\ 98 \\ \hline 152 \end{array}$$
(　　　)

②
$$\begin{array}{r} 104 \\ -\ 26 \\ \hline 88 \end{array}$$
(　　　)

③
$$\begin{array}{r} 140 \\ -\ 79 \\ \hline 61 \end{array}$$
(　　　)

月　日

9 チャレンジ

たし算と　ひき算の　ひっ算

なまえ

● 3つの　数《かず》の　たし算《ざん》を，ひっ算で　しましょう。

① 23＋14＋32　② 41＋25＋33　③ 54＋29＋13

	2	3
	1	4
＋	3	2
	6	9

④ 24＋17＋26　⑤ 45＋16＋11　⑥ 32＋8＋45

⑦ 62＋15＋7　⑧ 5＋28＋44

9 まとめのテスト

たし算と ひき算の ひっ算

なまえ

月　　日

【知識・技能】

1 ひっ算《さん》で しましょう。(4×10)

① 55＋92　② 86＋37

③ 65＋75　④ 49＋53

⑤ 94＋7　⑥ 158－84

⑦ 107－65　⑧ 134－78

⑨ 103－35　⑩ 100－5

2 ひっ算で しましょう。(5×2)

① 437＋48　② 772－33

【思考・判断・表現】

3 クッキーが かごに 64まい，はこに 47まい 入って います。クッキーは，あわせて 何《なん》まい ありますか。(5×2)

しき

答《こた》え

4 1年生は 107人，2年生は 89人です。1年生は，2年生より 何人 多いですか。(5×2)

しき

答え

5 パンを 買《か》いに 行《い》きました。

① 83円の メロンパンと 77円の あんパンを 買うと，だい金は いくらに なりますか。(5×2)

しき

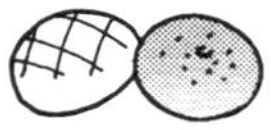

答え

② 150円の 食《しょく》パンと 77円の あんパンでは，どちらが いくら 高《たか》いですか。(5×2)

しき

答え

③ かなさんは，175円 もって います。83円の メロンパンを 買うと，のこりは いくらですか。(5×2)

しき

答え

月　　日

10 長方形と　正方形

三角形と　四角形（1）

なまえ

□1 （　　）に　あてはまる　ことばを　書《か》きましょう。

① 3本の　直線《ちょくせん》で　かこまれた　形《かたち》を，
（　　　　　）と　いいます。

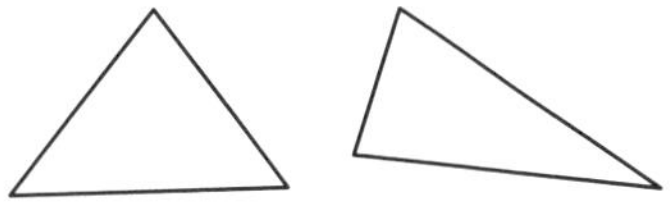

② 4本の　直線で　かこまれた　形を，
（　　　　　）と　いいます。

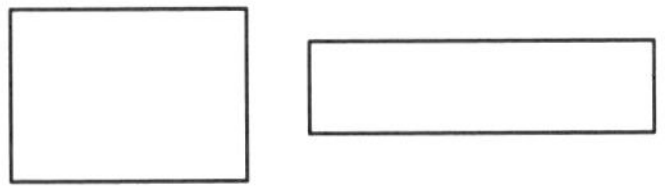

□2 （　　）に　あてはまる　ことばや　数《かず》を　書きましょう。

① 三角形《さんかくけい》や　四角形《しかくけい》で　直線の　ところを
（　　　　　）と　いい，かどの　点《てん》を
（　　　　　）と　いいます。

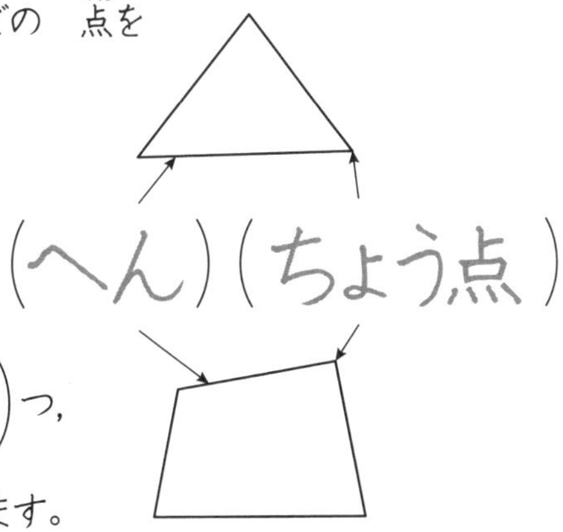

② 三角形には，へんが（　　）つ，
ちょう点が（　　）つ　あります。

③ 四角形には，へんが（　　）つ，
ちょう点が（　　）つ　あります。

月　　日

10 長方形と　正方形

三角形と　四角形（2）

なまえ

□1 三角形《さんかくけい》と　四角形《しかくけい》を　見つけて，記《き》ごうを　書《か》きましょう。

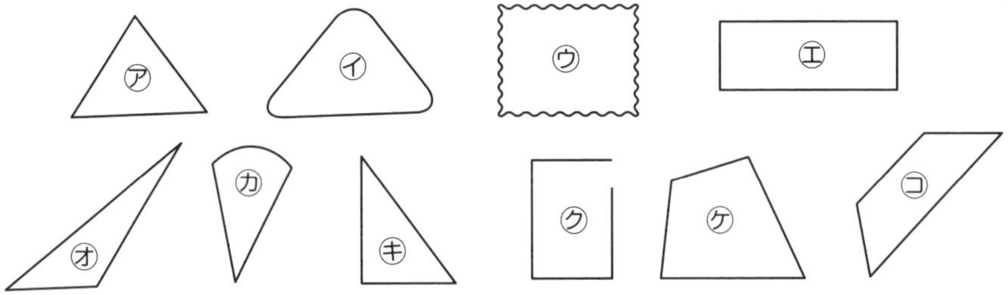

三角形（　　）（　　）（　　）　四角形（　　）（　　）（　　）

□2 1本の直線が　3つ　あります。それぞれに，2本の　へんを
かきたして，三角形を　3つ　かきましょう。

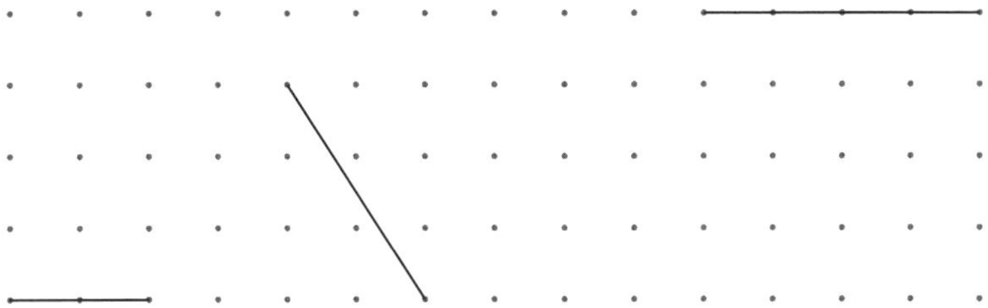

□3 1本の直線が　3つ　あります。それぞれに，3本の　へんを
かきたして，四角形を　3つ　かきましょう。

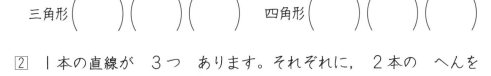

月　　日

10 長方形と　正方形

長方形と　正方形（1）

なまえ

[1] 下の　図《ず》から　直角《ちょっかく》を　すべて　見つけて，（　　）に　記《き》ごうを　書《か》きましょう。

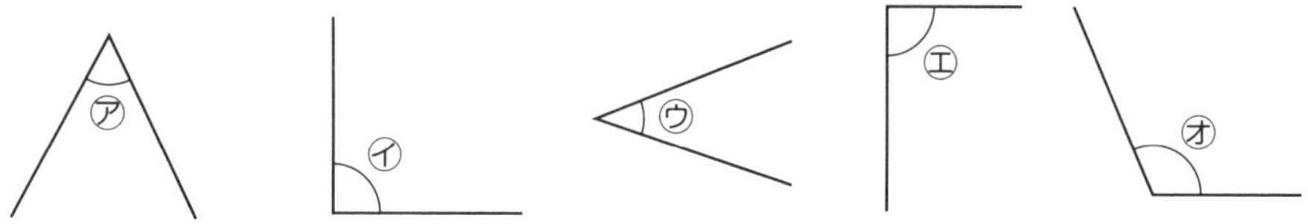

（　　　　　）

下の　図のように　紙《かみ》を　おって　できた
かどの　形《かたち》を　直角と　いうよ。

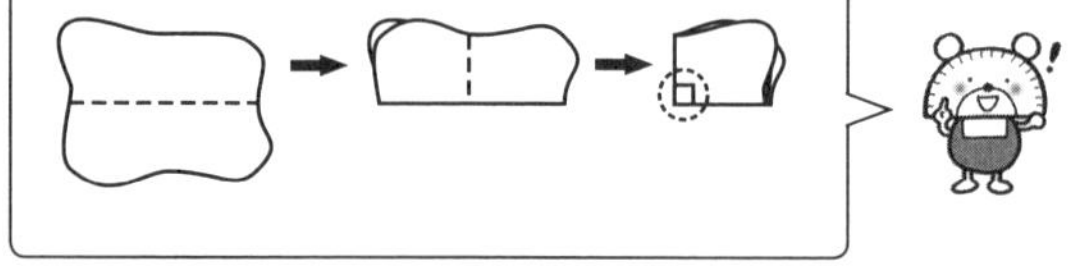

[2] （　　）に　あてはまる　ことばを　書《か》きましょう。

① 4つの　かどが，みんな　直角《ちょっかく》に　なって　いる　四角形《しかくけい》を，（　　　　　）と　いいます。

② 長方形《ちょうほうけい》の　むかい合《あ》って　いる　へんの　長《なが》さは（　　　　　）です。

③ 4つの　かどが　みんな　直角で，4つの　へんの　長さが　みんな　同《おな》じに　なって　いる　四角形を，（　　　　　）と　いいます。

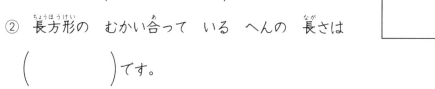

月　　日

10 長方形と　正方形

長方形と　正方形（2）

なまえ

[1] 長方形《ちょうほうけい》は　どれと　どれですか。（　　）に　記《き》ごうを　書きましょう。

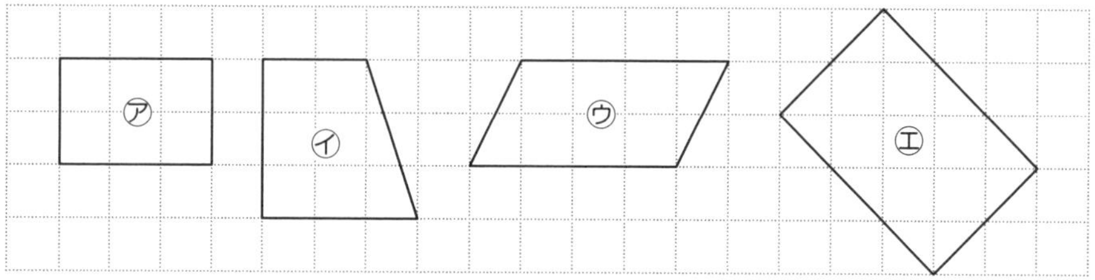

（　　　　　）

[2] 正方形《せいほうけい》は　どれと　どれですか。（　　）に　記ごうを　書きましょう。

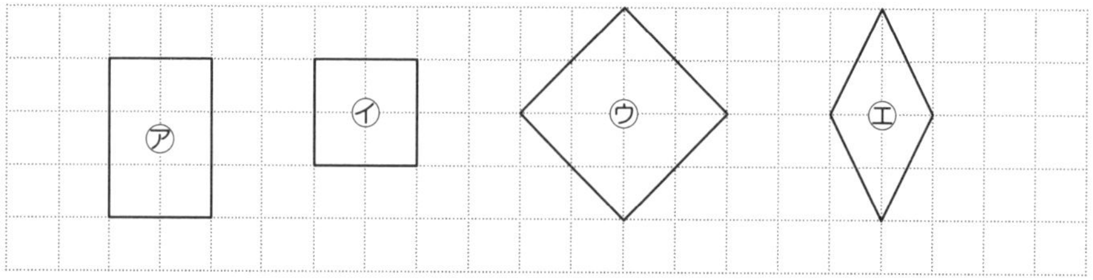

（　　　　　）

[3] 右の　形《かたち》は，長方形です。
㋐，㋑の　へんの　長《なが》さは，
それぞれ　何《なん》cmですか。

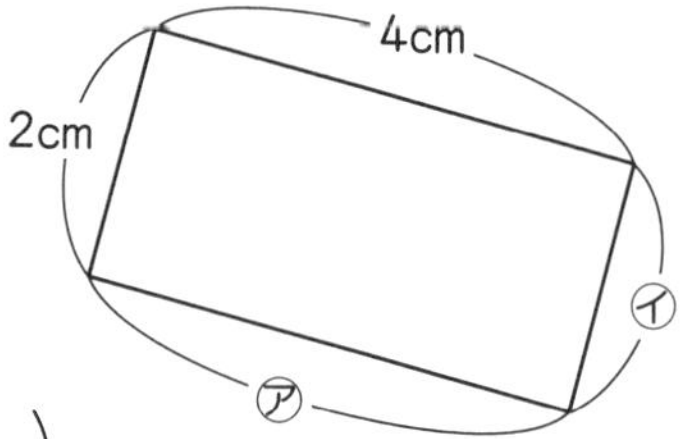

㋐（　　　　）　㋑（　　　　）

月　　日

10 長方形と　正方形

長方形と　正方形 (3)

なまえ

1 直角《ちょっかく》の　かどが　ある　三角形《さんかくけい》を　何と　いいますか。

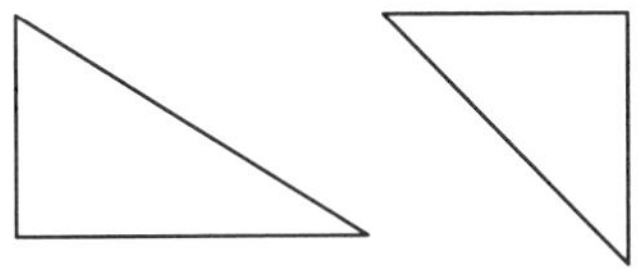

(　　　　　　)

2 直角三角形は　どれと　どれですか。(　　)に　記《き》ごうを　書きましょう。

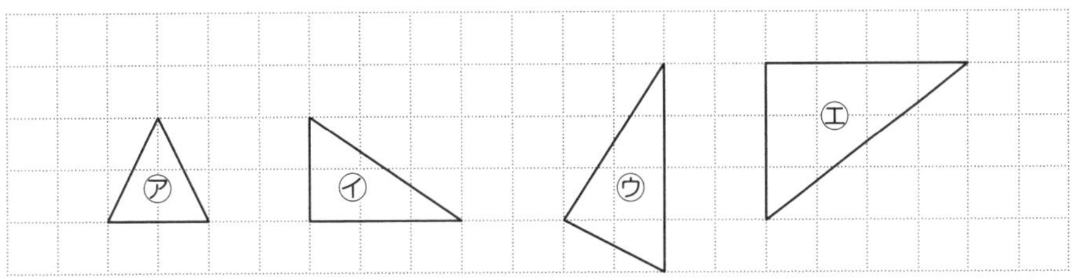

(　　　　　　)

3 長方形《ちょうほうけい》に　直線《ちょくせん》を　１本　ひいて，直角三角形を　２つ　作《つく》りましょう。

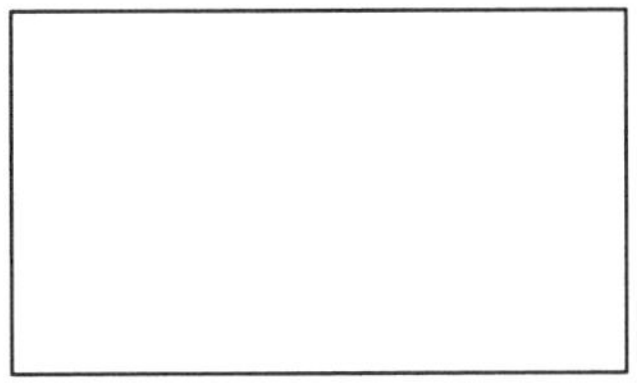

4 正方形《せいほうけい》に　直線を　２本　ひいて，直角三角形を　４つ　作りましょう。

月　　日

10 長方形と　正方形

長方形と　正方形 (4)

なまえ

● つぎの　形《かたち》を　下の　方《ほう》がん紙《し》に　かきましょう。

① たて　4cm，よこ 3cmの　長方形《ちょうほうけい》

② １つの　へんの　長《なが》さが　5cmの　正方形《せいほうけい》

③ 5cmの　へんと　3cmの　へんの　間《あいだ》に，直角《ちょっかく》の　かどが　ある　直角三角形《ちょっかくさんかくけい》

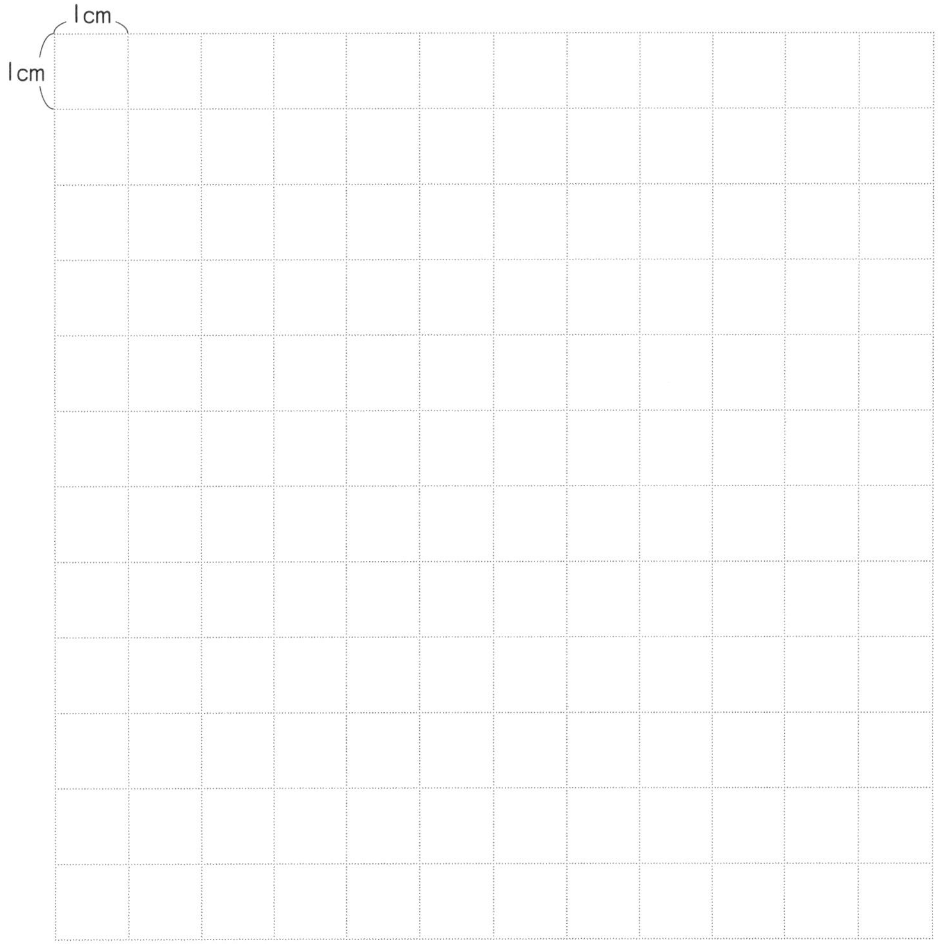

月　　日

10 ふりかえり・たしかめ (1)

長方形と　正方形

なまえ

1 (　　)に　あてはまる　ことばや　数《かず》を　書《か》きましょう。

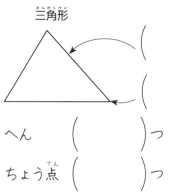

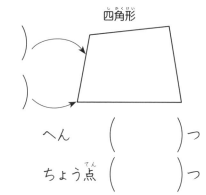

三角形《さんかくけい》　　　　四角形《しかくけい》

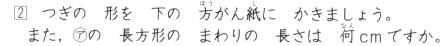

へん (　　　)つ　　　へん (　　　)つ

ちょう点《てん》 (　　　)つ　　　ちょう点《てん》 (　　　)つ

2 直角《ちょっかく》は　どれですか。(　　)に　記《き》ごうを　書きましょう。

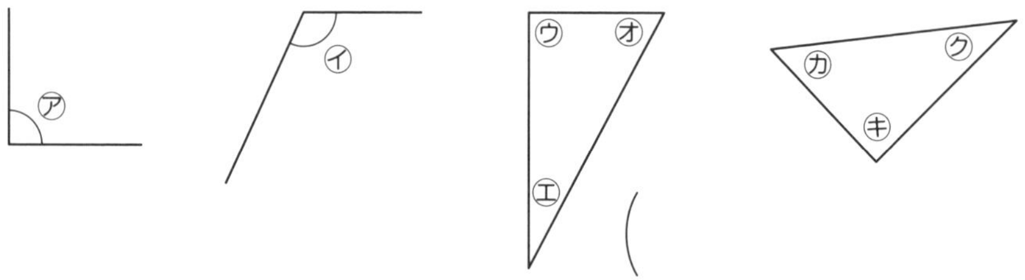

(　　　　　　)

3 つぎの　三角形や　四角形の　名前《なまえ》を　書きましょう。

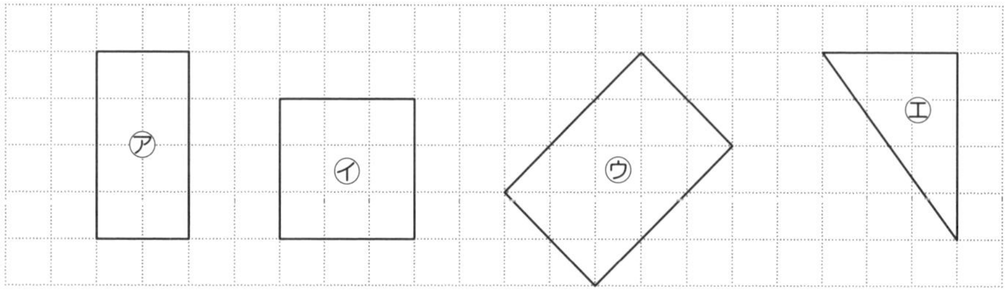

ア (　　　　　)　イ (　　　　　)

ウ (　　　　　)　エ (　　　　　)

月　　日

10 ふりかえり・たしかめ (2)

長方形と　正方形

なまえ

1 長方形《ちょうほうけい》と　正方形《せいほうけい》の　どちらにも　あてはまる　文に　○を　つけましょう。

ア (　　) 3本の　直線《ちょくせん》で　かこまれた　形《かたち》です。

イ (　　) 4本の　直線で　かこまれた　形です。

ウ (　　) 4つの　かどが，みんな　直角《ちょっかく》です。

エ (　　) 4つの　へんの　長《なが》さが　みんな　同《おな》じです。

2 つぎの　形を　下の　方《ほう》がん紙《し》に　かきましょう。
また，アの　長方形の　まわりの　長さは　何《なん》cm　ですか。

ア たて　4cm，よこ 2cmの　長方形

イ 1つの　へんの　長さが　3cmの　正方形

ウ 2cmの　へんと　4cmの　へんの　間《あいだ》に，直角の　かどが　ある　直角三角形《ちょっかくさんかくけい》

アの　長方形の　まわりの　長さ (　　　)cm

10 まとめのテスト
長方形と　正方形

名前

【知識・技能】

1　（　　）に　あてはまる　ことばを　書《か》きましょう。(5×4)

①　3本の　直線《ちょくせん》で　かこまれた　形《かたち》を，（　　　　）と　いいます。

②　4本の　直線で　かこまれた　形を，（　　　　）と　いいます。

③　三角形《さんかくけい》や　四角形《しかくけい》で　直線の　ところを（　　　　）と　いい，かどの　点《てん》を（　　　　）と　いいます。

2　長方形《ちょうほうけい》，正方形《せいほうけい》，直角三角形《ちょっかくさんかくけい》は　どれですか。（　　）に　記《き》ごうを　書きましょう。(5×3)

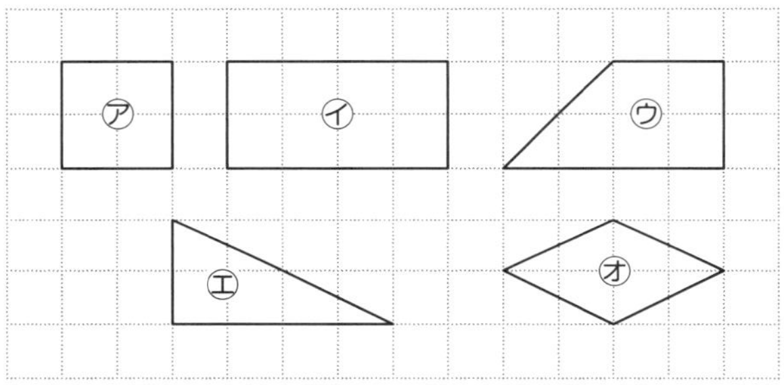

長方形（　　）　　正方形（　　）

直角三角形（　　）

3　つぎの　形を　かきましょう。(5×3)

①　たて　2cm，よこ3cmの　長方形

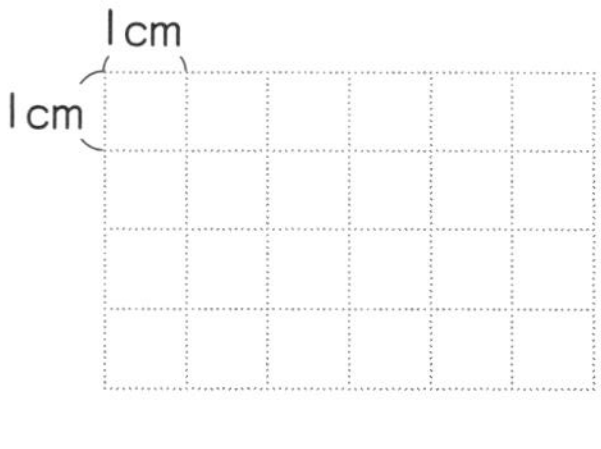

②　1つの　へんの　長さが　2cmの　正方形

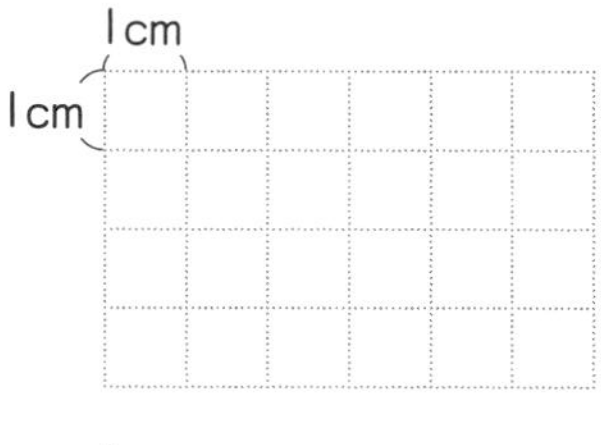

③　4cmの　へんと　3cmの　へんの　間《あいだ》に，直角の　かどが　ある　直角三角形

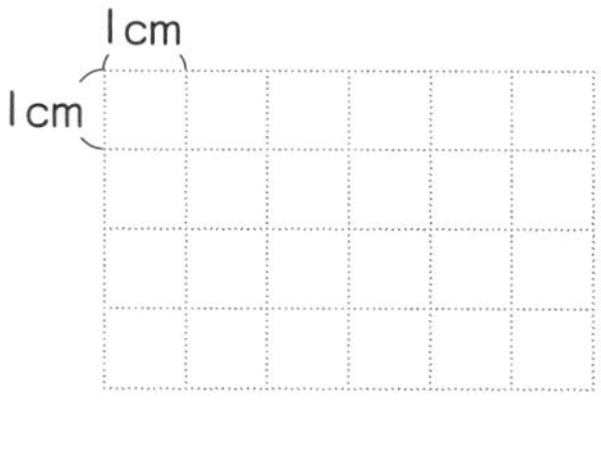

【思考・判断・表現】

4　長方形と　正方形の　どちらにも　あてはまる　ものを　2つ　えらんで，（　　）に　記ごうを　書きましょう。(5×2)

㋐　4つの　かどが，みんな　直角

㋑　むかい合《あ》って　いる　へんの　長さが　同《おな》じ

㋒　4つの　へんの　長さが　みんな　同じ

（　　　）（　　　）

5　まわりの　長さは　何《なん》cmですか。(10×2)

①　長方形

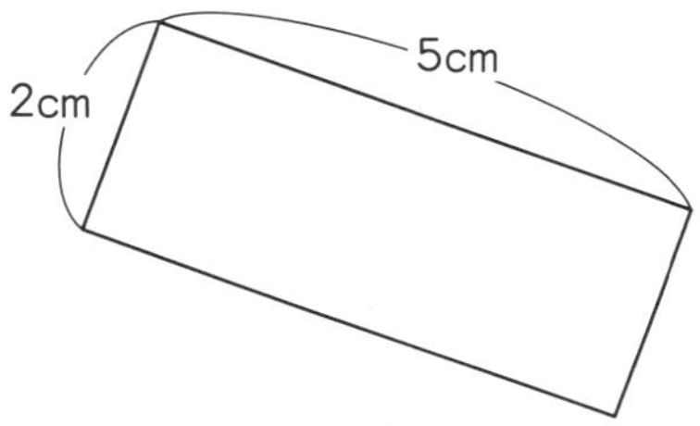

（　　　　）

②　正方形

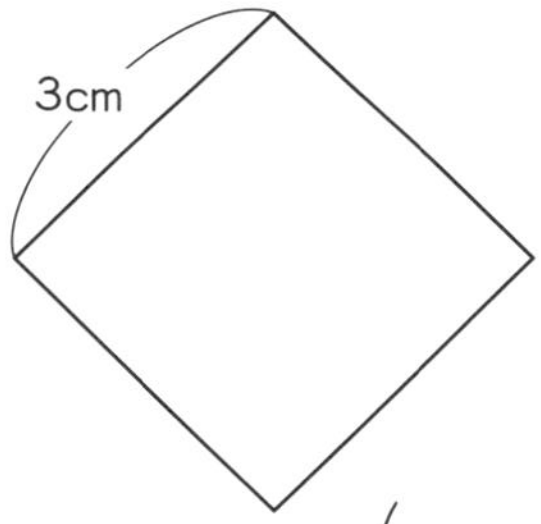

（　　　　）

6　下の　長方形に　直線を　1本　ひいて，2つの直角三角形に　分《わ》けましょう。(10)

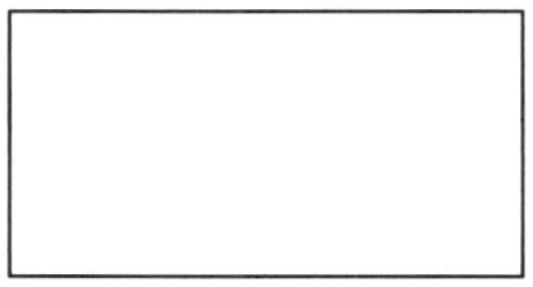

7　正方形の　紙《かみ》を，下のように　切《き》って，4つの　三角形を　作《つく》りました。できた　三角形は　何という　三角形ですか。(10)

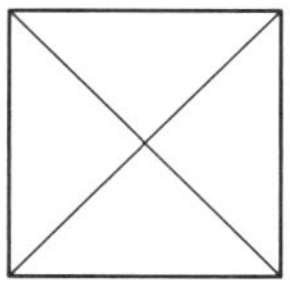

（　　　　　　）

解答

児童に実施させる前に，必ず指導される方が問題を解いてください。本書の解答は，あくまでも１つの例です。指導される方の作られた解答をもとに，本書の解答例を参考に児童の多様な考えに寄り添って○つけをお願いします。

P.4

月　日

1 グラフと　ひょう

グラフと　ひょう (1)

なまえ

1 お楽《たの》しみ会《かい》で，あそびたい　場《ば》しょと　やりたい　あそびを
カードに　書《か》きました。

校てい / おにごっこ	体《たい》いくかん / 大なわ	校てい / ドッジボール
教室《きょうしつ》 / げき	校てい / ドッジボール	体いくかん / おにごっこ
教室 / クイズ	校てい / おにごっこ	教室 / クイズ
体いくかん / おにごっこ	校てい / ドッジボール	教室 / げき
校てい / おにごっこ	校てい / おにごっこ	教室 / クイズ
校てい / ドッジボール	教室 / クイズ	校てい / ドッジボール
体いくかん / 大なわ	体いくかん / おにごっこ	校てい / おにごっこ

① お楽しみ会で，やりたい
あそびと　人数《にんずう》を　○を
つかって　グラフに
あらわしましょう。

お楽しみ会で　やりたい　あそびと　人数

	○			
	○			
	○			
○	○			
○	○		○	
○	○		○	
○	○	○	○	○
○	○	○	○	○
ドッジボール	おにごっこ	げき	クイズ	大なわ

② グラフの　人数を，下の　ひょうに　あらわしましょう。

お楽しみ会で　やりたい　あそびと　人数

やりたい　あそび	ドッジボール	おにごっこ	げき	クイズ	大なわ
人数	5	8	2	4	2

③ おにごっこを　やりたい　人は　何人《なんにん》ですか。

（ 8人 ）

2 1で　かいた　カードの「あそびたい　場しょ」に　ちゅう目して，
グラフや　ひょうに　あらわしましょう。

① 人数を　○を　つかって　右の
グラフに　あらわしましょう。

しらべたい　ことを　きめて，
グラフや　ひょうに　あらわすと
いいね。

お楽しみ会で　あそびたい
場しょと　人数

		○
		○
		○
		○
○		○
○	○	○
○	○	○
○	○	○
○	○	○
○	○	○
教室	体いくかん	校てい

② グラフの　人数を，下の　ひょうに
あらわしましょう。

お楽しみ会で　あそびたい　場しょと　人数

場しょ	教室	体いくかん	校てい
人数	6	5	10

③ 人数が　いちばん　多い　場しょは　どこですか。

（校てい）

4

P.5

月　日

1 グラフと　ひょう

グラフと　ひょう (2)

なまえ

● 2年1組で，すきな　どうぶつを　しらべました。

① 人数を　○を　つかって
右の　グラフに　あらわしましょう。

すきな　どうぶつしらべ

	○			
	○			
○	○			
○	○			
○	○	○	○	
○	○	○	○	
○	○	○	○	○
○	○	○	○	○
うさぎ	犬	ねこ	パンダ	ライオン

② グラフの　人数を，下の　ひょうに
あらわしましょう。

すきな　どうぶつしらべ

どうぶつ	うさぎ	犬	ねこ	パンダ	ライオン
人数	6	8	4	4	2

③ すきな　人が　いちばん　多《おお》い　どうぶつは　何《なん》ですか。

（ 犬 ）

④ うさぎが　すきな　人は　何人ですか。

（ 6人 ）

⑤ すきな　人の　数《かず》が　同《おな》じ　どうぶつは　何と　何ですか。

（ ねこ ）と（パンダ）

⑥ 犬が　すきな　人と　ライオンが　すきな　人では，どちらが　何人
多いですか。

犬が　すきな　人が　6人　多い。

⑦（　）に「グラフ」か「ひょう」の　どちらか　合《あ》う　ほうを
書《か》きましょう。

（グラフ）に　あらわすと，人数の　多い　少《すく》ないが
わかりやすく，
（ひょう）に　あらわすと，人数が　わかりやすい。

5

P.6

月　日

1 グラフと　ひょう

グラフと　ひょう (3)

なまえ

● 下の　グラフと　ひょうを　見て，答《こた》えましょう。

すきな　くだものしらべ

			○	
○			○	
○			○	
○	○		○	
○	○	○	○	○
○	○	○	○	○
○	○	○	○	○
もも	りんご	みかん	いちご	ぶどう

すきな　くだものしらべ

くだもの	もも	りんご	みかん	いちご	ぶどう
人数《にんずう》	6	4	3	7	3

① すきな　人が　2ばんめに　多《おお》い
くだものは　何《なん》ですか。

（ もも ）

② いちごが　すきな　人は　りんごが
すきな　人より　何人　多いですか。

（ 3人 ）

③ ひろきさんは，上《うえ》の　グラフと　ひょうを　見て，つぎの　ように
話《はな》して　います。ひろきさんは　どんな　ところに　ちゅう目して
いますか。
㋐，㋑の　どちらか　合《あ》う　ほうに　○を　つけましょう。

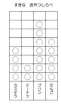

ひろき「みかんが　すきな　人と　ぶどうが　すきな　人の　数《かず》は　同《おな》じです。」

㋐（　　）いちばん　少《すく》ない　ものに　ちゅう目して　いる。

㋑（ ○ ）同じ　数の　ものに　ちゅう目して　いる。

6

月　日

1 ふりかえり・たしかめ (1)

グラフと　ひょう

なまえ

● すきな　おやつを　1人　1つずつ　えらびました。

① 人数《にんずう》を　○を　つかって　下の
グラフに　あらわしましょう。

② 下の　ひょうに　人数を
書《か》きましょう。

すきな　おやつしらべ

		○	
		○	
		○	○
○		○	○
○		○	○
○	○	○	○
○	○	○	○
カステラ	ドーナツ	プリン	だんご

すきな　おやつしらべ

おやつ	カステラ	ドーナツ	プリン	だんご
人数	4	2	7	5

③ カステラが　すきな　人は
何人《なんにん》ですか。

（ 4人 ）

④ すきな　人が　いちばん
多《おお》い　おやつは　何ですか。

（プリン）

⑤ だんごが　すきな　人は　ドーナツが
すきな　人より　何人多いですか。

（ 3人 ）

6

P.7

月　日

1 まとめのテスト

グラフと　ひょう

名前

【知識・技能】

1 すきな　食《た》べものを　1人　1つずつ
カードに書《か》きました。

ハンバーグ	カレーライス	ラーメン	からあげ	
カレーライス	ハンバーグ	ラーメン	すし	
ハンバーグ	すし	カレーライス	ハンバーグ	
ラーメン	すし	ハンバーグ	ハンバーグ	すし
すし	カレーライス	ラーメン	ハンバーグ	すし
カレーライス	からあげ	ハンバーグ		

① 人数《にんずう》を　○を　つかって　下の　グラフに
あらわしましょう。(15)

すきな　食べものしらべ

			○	
			○	
			○	○
○			○	○
○		○	○	○
○		○	○	○
○	○	○	○	○
○	○	○	○	○
カレーライス	からあげ	ラーメン	ハンバーグ	すし

② グラフの　人数を，下の　ひょうに
あらわしましょう。(15)

すきな　食べものしらべ

食べもの	カレーライス	からあげ	ラーメン	ハンバーグ	すし
人数	5	2	4	8	6

③ ラーメンが　すきな　人は　何人《なんにん》ですか。(10)

（ 4人 ）

④ すきな　人が　8人　いるのは　どの
食べものですか。(10)

ハンバーグ

【思考・判断・表現】

2 ゆう園地《えんち》で　すきな
のりものを　しらべて，
右の　グラフに
あらわしました。

すきな　のりものしらべ

			○
○			○
○			○
○	○		○
○	○	○	○
○	○	○	○
ゴーカート	ジェットコースター	メリーゴーランド	かんらん車

① すきな人が　2ばん
めに　多い　のりものは
何ですか。(10)

ゴーカート

② すきな人が　2ばんめに　少《すく》ない
のりものは　何ですか。(10)

ジェットコースター

③ ゴーカートが　すきな　人と　かんらん車が
すきな　人では，どちらが　何人　多いですか。(10)

かんらん車が　すきな
人が　1人　多い。

3 たつやさんと　ゆうかさんは　下の
グラフを　見て　話《はな》し合《あ》って　います。
2人は，それぞれ　どんな　ところに
ちゅう目して　いますか。下の㋐～㋒から
えらんで　書きましょう。(10×2)

そだてたい　やさい

	○		
○	○		
○	○		
○	○		○
○	○		○
○	○	○	○
なす	トマト	きゅうり	ピーマン

たつや「トマトを　そだてたい　人が　いちばん　多いです。」

（ ㋐ ）

ゆうか「なすを　そだてたい　人は　きゅうりを　そだてたい　人より　4人　多いです。」

（ ㋒ ）

㋐ いちばん　多い　ものに　ちゅう目して　いる。
㋑ いちばん　少ない　ものに　ちゅう目して　いる。
㋒ 数の　ちがいに　ちゅう目して　いる。

7

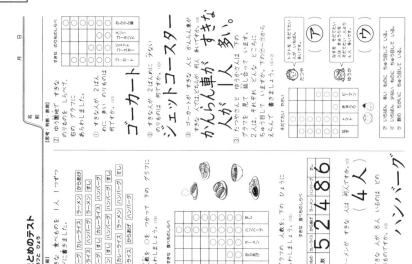

P.8

2 たし算の　ひっ算
たし算　①（1）

月　　日　なまえ

くり上がりなし

1　みわさんは　23円の　グミと　45円の　ラムネを　買《か》います。だい金は　いくらに　なりますか。

① しきを　書《か》きましょう。

23 + 45

② ①の　計算《けいさん》を　ひっ算で　します。□に　あてはまる数《かず》を書きましょう。

十のくらい　一のくらい

	十	一
	2	3
+	4	5

くらいを　たてに　そろえて　書く。

→

	十	一
	2	3
+	4	5
		8

一のくらいの　計算
3 + 5 = 8

→

	十	一
	2	3
+	4	5
	6	8

十のくらいの　計算
2 + 4 = 6

③ 答《こた》えを　書きましょう。

23 + 45 = 68

	2	3
+	4	5
	6	8

答え　68円

2　34 + 15を　ひっ算で　しましょう。

	3	4
+	1	5
	4	9

くらいごとに　計算するよ。

2 たし算の　ひっ算
たし算　①（2）

月　　日　なまえ

くり上がりなし

- ① 12 + 26 → 38
- ② 33 + 51 → 84
- ③ 25 + 14 → 39
- ④ 41 + 36 → 77
- ⑤ 52 + 23 → 75
- ⑥ 32 + 14 → 46
- ⑦ 35 + 20 → 55
- ⑧ 16 + 10 → 26
- ⑨ 27 + 40 → 67
- ⑩ 60 + 18 → 78
- ⑪ 30 + 58 → 88
- ⑫ 50 + 41 → 91

P.9

2 たし算の　ひっ算
たし算　①（3）

月　　日　なまえ

くり上がりなし

1　ひっ算で　しましょう。

- ① 23 + 42 → 65
- ② 18 + 31 → 49
- ③ 20 + 37 → 57
- ④ 48 + 50 → 98
- ⑤ 16 + 22 → 38
- ⑥ 46 + 12 → 58
- ⑦ 33 + 21 → 54
- ⑧ 40 + 28 → 68
- ⑨ 51 + 14 → 65
- ⑩ 62 + 10 → 72
- ⑪ 44 + 11 → 55
- ⑫ 34 + 52 → 86

トライ

2　（　　）に　あてはまる　数《かず》を　書《か》きましょう。

右の　ひっ算で，
「5」は（10）が５こ，「8」は（1）が８こ
ある　ことを　あらわして　います。

	3	7
+	2	1
	5	8

2 たし算の　ひっ算
たし算　①（4）

月　　日　なまえ

くり上がりなし

- ① 32 + 4 → 36
- ② 26 + 2 → 28
- ③ 45 + 3 → 48
- ④ 5 + 22 → 27
- ⑤ 3 + 54 → 57
- ⑥ 6 + 73 → 79
- ⑦ 30 + 7 → 37
- ⑧ 20 + 9 → 29
- ⑨ 60 + 5 → 65
- ⑩ 6 + 70 → 76
- ⑪ 8 + 50 → 58
- ⑫ 4 + 90 → 94

P.10

2 たし算の　ひっ算
たし算　①（5）

月　　日　なまえ

くり上がりなし

- ① 8 + 41 → 49
- ② 20 + 35 → 55
- ③ 23 + 42 → 65
- ④ 57 + 10 → 67
- ⑤ 22 + 5 → 27
- ⑥ 7 + 90 → 97
- ⑦ 69 + 30 → 99
- ⑧ 60 + 9 → 69
- ⑨ 72 + 14 → 86
- ⑩ 3 + 65 → 68
- ⑪ 43 + 3 → 46
- ⑫ 3 + 80 → 83
- ⑬ 32 + 14 → 46
- ⑭ 50 + 4 → 54
- ⑮ 40 + 27 → 67

2 たし算の　ひっ算
たし算　②（1）

月　　日　なまえ

くり上がりあり

1　赤い　色紙《いろがみ》が　46まい，青い　色紙が　28まい　あります。色紙は，ぜんぶで　何《なん》まい　ありますか。

① しきを　書《か》きましょう。 46 + 28

② ①の　計算《けいさん》を　ひっ算で　しましょう。

十のくらい　一のくらい

	十	一
	4	6
+	2	8

くらいを　たてに　そろえて　書く。

→

	十	一
	①	
	4	6
+	2	8
		4

一のくらいの　計算
6 + 8 = 14

→

	十	一
	①	
	4	6
+	2	8
	7	4

十のくらいの　計算
① + 4 + 2 = 7

③ 答《こた》えを　書きましょう。

46 + 28 = 74

	①	
	4	6
+	2	8
	7	4

答え　74まい

2　17 + 35を　ひっ算で　しましょう。

	①	
	1	7
+	3	5
	5	2

くり上げた　1を　わすれないように　しよう。

P.11

2 たし算の　ひっ算
たし算　②（2）

月　　日　なまえ

くり上がりあり

- ① 18 + 23 → 41
- ② 65 + 19 → 84
- ③ 27 + 26 → 53
- ④ 32 + 49 → 81
- ⑤ 37 + 29 → 66
- ⑥ 14 + 48 → 62
- ⑦ 56 + 16 → 72
- ⑧ 59 + 33 → 92
- ⑨ 28 + 36 → 64
- ⑩ 46 + 47 → 93
- ⑪ 17 + 45 → 62
- ⑫ 77 + 14 → 91

2 たし算の　ひっ算
たし算　②（3）

月　　日　なまえ

くり上がりあり

1　ひっ算で　しましょう。

- ① 52 + 39 → 91
- ② 26 + 35 → 61
- ③ 15 + 18 → 33
- ④ 36 + 47 → 83
- ⑤ 68 + 14 → 82
- ⑥ 49 + 45 → 94
- ⑦ 27 + 55 → 82
- ⑧ 37 + 18 → 55

2　おかしを　買《か》いに　行《い》き，ちがう　しゅるいの　おかしを　２つ買います。（　　）に　あてはまる　ことばを　書《か》きましょう。

ミニドーナツ 52円　あめ 36円　ガム 15円　せんべい 47円

① あめと（せんべい）を　１こずつ　買うと，だい金は 83円に なります。

② 55円　もって　います。55円で　買えるくみあわせは，（ガム）と（あめ）です。

解答

児童に実施させる前に，必ず指導される方が問題を解いてください。本書の解答は，あくまでも１つの例です。指導される方の作られた解答をもとに，本書の解答例を参考に児童の多様な考えに寄り添って○つけをお願いします。

P.12

2 たし算の ひっ算
たし算 ② (4)　　月　日　なまえ

くり上がりあり

1 ひっ算《ざん》で しましょう。

① 34 + 26　60	② 18 + 62　80	③ 33 + 57　90	④ 41 + 29　70
⑤ 15 + 25　40	⑥ 22 + 48　70	⑦ 16 + 44　60	⑧ 37 + 13　50

トライ 2 貝がらひろいを しました。

りくと 23こ　あおい 56こ　みずき 37こ　あや 14こ

① 2人 あわせて 60こに なるのは，だれと だれですか。

（りくと）と（みずき）

② 2人 あわせて 70こに なるのは，だれと だれですか。

（あおい）と（あや）

2 たし算の ひっ算
たし算 ② (5)　　月　日　なまえ

くり上がりあり

1

① 63 + 8　71	② 28 + 5　33	③ 46 + 9　55	④ 55 + 7　62
⑤ 6 + 36　42	⑥ 4 + 18　22	⑦ 8 + 77　85	⑧ 3 + 59　62
⑨ 37 + 3　40	⑩ 76 + 4　80	⑪ 9 + 51　60	⑫ 5 + 45　50

トライ 2 □に 数字《すうじ》を 入れ，正しい ひっ算を つくりましょう。

① 47 + [5] = 52

② 6[9] + 8 = [7]7

③ [6] + 38 = [4]4

P.13

2 たし算の ひっ算
たし算 ② (6)　　月　日　なまえ

くり上がりあり

1 ひっ算《ざん》で しましょう。

① 15 + 38　53	② 44 + 26　70	③ 59 + 17　76	④ 73 + 8　81
⑤ 71 + 9　80	⑥ 26 + 46　72	⑦ 18 + 12　30	⑧ 21 + 69　90
⑨ 36 + 29　65	⑩ 22 + 19　41	⑪ 6 + 57　63	⑫ 5 + 35　40

2 うんどう場《じょう》で 子どもが 25人 あそんで います。 そこへ 7人 きました。 みんなで 何人《なんにん》に なりましたか。

しき 25+7=32

答《こた》え 32人

2 たし算の ひっ算
たし算 ② (7)　　月　日　なまえ

くり上がりあり

1 ひっ算《ざん》で しましょう。

① 23 + 48　71	② 3 + 87　90	③ 72 + 9　81	④ 8 + 35　43
⑤ 76 + 4　80	⑥ 47 + 13　60	⑦ 6 + 26　32	⑧ 58 + 2　60
⑨ 25 + 15　40	⑩ 39 + 4　43	⑪ 36 + 17　53	⑫ 9 + 11　20

2 2年1組《くみ》は 36人，2年2組は 35人です。2年生は，あわせて 何人《なんにん》ですか。

しき 36+35=71

答え 71人

P.14

2 たし算の ひっ算
たし算 ② (8)　　月　日　なまえ

くり上がりなし・あり

1 ひっ算《ざん》で しましょう。

① 34 + 49　83	② 23 + 16　39	③ 53 + 30　83	④ 5 + 90　95
⑤ 74 + 16　90	⑥ 25 + 42　67	⑦ 36 + 29　65	⑧ 47 + 5　52
⑨ 32 + 8　40	⑩ 56 + 17　73	⑪ 67 + 2　69	⑫ 6 + 49　55

2 はるきさんは 本を きのうは 28ページ，今日《きょう》は 32ページ 読《よ》みました。あわ

しき 28+32=60

答え 60ページ

2 たし算の ひっ算
たし算 ② (9)　　月　日　なまえ

くり上がりなし・あり

1 ひっ算《ざん》で しましょう。

① 35 + 8　43	② 59 + 15　74	③ 43 + 17　60	④ 31 + 36　67
⑤ 39 + 42　81	⑥ 20 + 49　69	⑦ 8 + 62　70	⑧ 46 + 32　78
⑨ 4 + 52　56	⑩ 28 + 15　43	⑪ 60 + 3　63	⑫ 79 + 5　84

2 りんごが 16こ あります。 今日《きょう》 42こ 買《か》いました。りんごは，ぜんぶ

しき 16+42=58

答え 58こ

P.15

2 たし算の ひっ算
たし算 ② (10)　　月　日　なまえ

くり上がりなし・あり

1 ひっ算《ざん》で しましょう。

① 52 + 6　58	② 47 + 26　73	③ 5 + 57　62	④ 45 + 40　85
⑤ 73 + 8　81	⑥ 24 + 31　55	⑦ 35 + 45　80	⑧ 60 + 9　69
⑨ 2 + 50　52	⑩ 30 + 69　99	⑪ 89 + 3　92	⑫ 7 + 72　79

2 56円の ビスケットと 26円の あめを 買《か》います。だい金は いくらに なりますか。

しき 56+26=82

答《こた》え 82円

2 たし算の ひっ算
たし算 ② (11)　　月　日　なまえ

くり上がりなし・あり

1 ひっ算《ざん》で しましょう。

① 4 + 78　82	② 7 + 21　28	③ 16 + 59　75	④ 52 + 17　69
⑤ 14 + 6　20	⑥ 36 + 14　50	⑦ 60 + 17　77	⑧ 28 + 8　36
⑨ 34 + 10　44	⑩ 6 + 45　51	⑪ 9 + 80　89	⑫ 36 + 2　38

2 ももかさんは クッキーを 47まい やきました。お姉《ねえ》さんは ももかさんより 5まい 多《おお》く やきました。お姉さんは，クッキーを 何《なん》まい やきましたか。

しき 47+5=52

答え 52まい

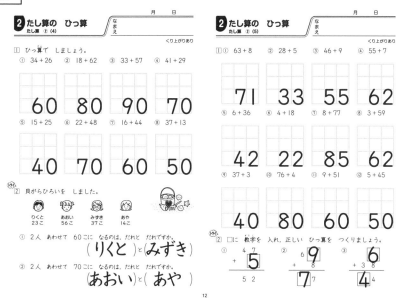

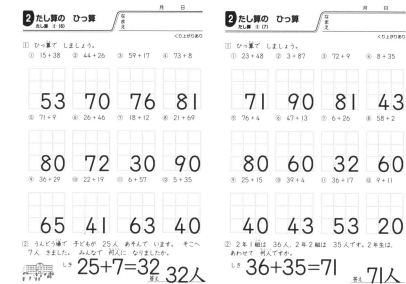

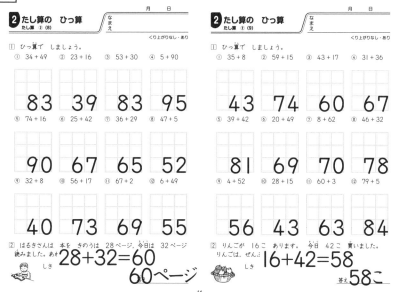

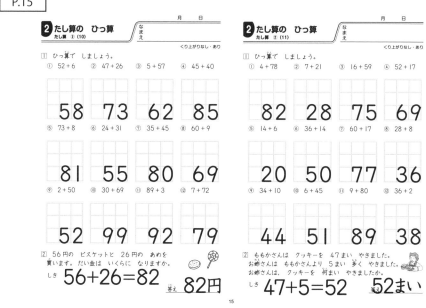

P.16

2 たし算の ひっ算 たし算の きまり (1)

月 日 なまえ

● ジュースは，ぜんぶで 何本 ありますか。

りんごジュース 13本　ぶどうジュース 18本

① 下の 図の（　）に，数を 書きましょう。

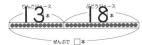

りんごジュース 13 本　ぶどうジュース 18 本

ぜんぶで □本

② けんたさんは りんごジュースの 数に ぶどうジュースの 数を たしました。けんたさんの 考えを しきに 書いて，答えを もとめましょう。

しき 13+18=31　答え 31本

③ りなさんは ぶどうジュースの 数に りんごジュースの 数を たしました。りなさんの 考えを しきに 書いて，答えを もとめましょう。

しき 18+13=31　答え 31本

たされる数と たす数を 入れかえて 計算しても，答えは 同じだね。

2 たし算の ひっ算 たし算の きまり (2)

月 日 なまえ

1 つぎの 計算を ひっ算で しましょう。 また，たされる数と たす数を 入れかえて 計算して，答えが 同じに なる ことを たしかめましょう。

① 25 + 38　② 19 + 22

25	38	19	22
+38	+25	+22	+19
63	63	41	41

2 計算しなくても，答えが 同じに なる ことが わかる しきを 見つけて，線で むすびましょう。

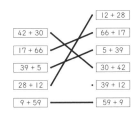

	12 + 28
42 + 30	66 + 17
17 + 66	5 + 39
39 + 5	30 + 42
28 + 12	39 + 12
9 + 59	59 + 9

P.17

2 ふりかえり・たしかめ (1) たし算の ひっ算

月 日 なまえ

1 ひっ算で しましょう。

① 3 + 90 → 93　② 27 + 32 → 59　③ 58 + 16 → 74　④ 40 + 7 → 47

⑤ 63 + 5 → 68　⑥ 8 + 72 → 80　⑦ 45 + 20 → 65　⑧ 4 + 19 → 23

2 本だなに，絵本が 22 さつ，図かんが 12 さつ あります。本は，ぜんぶで 何さつ ありますか。

しき 22+12=34　答え 34さつ

3 つぎの ひっ算の まちがいを 見つけて，正しく 計算しましょう。

① 46 + 3　② 35 + 18

46	46	35	35
+3	+ 3	+18	+18
76	49	43	53

2 ふりかえり・たしかめ (2) たし算の ひっ算

月 日 なまえ

1 ひっ算で しましょう。

① 37 + 39 → 76　② 14 + 26 → 40　③ 30 + 21 → 51　④ 67 + 3 → 70

⑤ 14 + 53 → 67　⑥ 6 + 47 → 53　⑦ 23 + 68 → 91　⑧ 17 + 9 → 26

2 あつとさんは 8才です。お父さんは，あつとさんより 35才 年上です。お父さんは，何才ですか。

しき 8+35=43　答え 43才

3 答えが 60より 大きく なる しきは どれと どれですか。

㋐ 12 + 53　㋑ 26 + 28　㋒ 40 + 19　㋓ 37 + 24

計算しなくても わかるかな。

（㋐），（㋓）

P.18

2 ふりかえり・たしかめ (3) たし算の ひっ算

月 日 なまえ

1 計算を しなくても 答えが 同じに なる しきを 見つけて，線で むすびましょう。また，（　）に あてはまる ことばを 書きましょう。

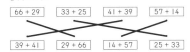

66 + 29　33 + 25　41 + 39　57 + 14

39 + 41　29 + 66　14 + 57　25 + 33

たされる数と たす数を 入れかえて 計算しても，答えは（同じ）に なる。

2 つぎの 2つを 買うと，だい金は いくらに なりますか。

① 57円の のりと 35円の けしゴム

しき 57 + 35 = 92　答え 92円

② 82円の えんぴつキャップと 8円の クリップ

しき 82 + 8 = 90　答え 90円

2 チャレンジ たし算の ひっ算

月 日 なまえ

● 1から 9までの カードが 1まいずつ あります。

1 2 3 4 5 6 7 8 9

この 中から 6まいを えらんで，たし算の ひっ算を つくります。□に あてはまる 数を 書きましょう。

① 32 + 65 = 97

② 34 + 52 = 86

③ 13 + 46 = 59　または 43 + 16 = 59

④ 38 + 27 = 65

⑤ 48 + 23 = 71

⑥ 14 + 78 = 92　または 18 + 74 = 92

③と ⑥は，答えが 2つ あるね。

P.19

2 まとめのテスト たし算の ひっ算

月 日 なまえ

【知識・技能】

1 ひっ算で しましょう。(5×10)

① 51 + 22 → 73　② 63 + 30 → 93

③ 7 + 12 → 19　④ 70 + 9 → 79

⑤ 48 + 35 → 83　⑥ 23 + 37 → 60

⑦ 56 + 8 → 64　⑧ 5 + 37 → 42

⑨ 18 + 4 → 22　⑩ 6 + 85 → 91

【思考・判断・表現】

2 バスに 13人 のって います。 つぎの バスていで，8人 のって きました。バスに のって いる 人は，何人《なんにん》に なりましたか。(5×2)

しき 13+8=21　答《こた》え 21人

3 36円の キャラメルと 42円の チョコレートを 買《か》います。だい金は いくらに なりますか。(5×2)

しき 36+42=78　答え 78円

4 まいさんは，シールを 54まい もって います。お姉《ねえ》さんから 19まい もらいました。シールは，ぜんぶで 何まいに なりましたか。(5×2)

しき 54+19=73　答え 73まい

5 たくとさんは，きのう なわとびを 26回《かい》 とびました。今日《きょう》は，きのうより 14回 多《おお》く とびました。今日は，なわとびを 何回 とびましたか。(5×2)

しき 26+14=40　答え 40回

6 プリンが 22こ，ゼリーが 20こ あります。あわせて 何こに なりますか。(5×2)

しき 22+20=42　答え 42こ

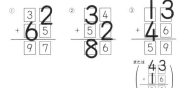

解答

児童に実施させる前に，必ず指導される方が問題を解いてください。本書の解答は，あくまでも１つの例です。指導される方の作られた解答をもとに，本書の解答例を参考に児童の多様な考えに寄り添って○つけをお願いします。

P.20

3 ひき算の　ひっ算
ひき算　①（1）

月　　日　なまえ

くり下がりなし

1　いちごが　48こ　あります。12こ　食《た》べました。
のこりの　いちごは　何《なん》こですか。

①　しきを　書《か》きましょう。　48 − 12

②　①の　計算《けいさん》を　ひっ算で　しましょう。

（十のくらい）（一のくらい）

	4	8
−	1	2

くらいを　たてに
そろえて　書く。

➡

	4	8
−	1	2
		6

一のくらいの　計算
8 − 2 = 6

➡

	4	8
−	1	2
	3	6

十のくらいの　計算
4 − 1 = 3

③　答《こた》えを　書きましょう。

48 − 12 = 36

	4	8
−	1	2
	3	6

答え　36こ

2　65 − 14を　ひっ算で　しましょう。

	6	5
−	1	4
	5	1

3 ひき算の　ひっ算
ひき算　①（2）

月　　日　なまえ

くり下がりなし

①　59 − 14　45
②　36 − 21　15
③　87 − 35　52
④　43 − 11　32
⑤　75 − 22　53
⑥　68 − 42　26
⑦　57 − 33　24
⑧　29 − 11　18
⑨　47 − 24　23
⑩　82 − 51　31
⑪　95 − 62　33
⑫　38 − 16　22

P.21

3 ひき算の　ひっ算
ひき算　①（3）

月　　日　なまえ

くり下がりなし

1　ひっ算《さん》で　しましょう。

①　46 − 23　23
②　89 − 15　74
③　52 − 31　21
④　63 − 12　51
⑤　36 − 22　14
⑥　57 − 32　25
⑦　49 − 16　33
⑧　85 − 44　41
⑨　74 − 42　32
⑩　66 − 53　13
⑪　39 − 14　25
⑫　23 − 11　12

トライ
2　（　）に　あてはまる　数《かず》を　書《か》きましょう。

右の　ひっ算で，
「6」は（10）が6こ，「2」は（1）が2こ
ある　ことを　あらわして　います。

	9	7
−	3	5
	6	2

3 ひき算の　ひっ算
ひき算　①（4）

月　　日　なまえ

くり下がりなし

1
①　43 − 23　20
②　57 − 51　6
③　76 − 30　46

④　38 − 6　32
⑤　24 − 4　20
⑥　69 − 29　40
⑦　34 − 32　2
⑧　86 − 2　84

トライ
2　1，4，6の　カードが　1まいずつ　あります。計算が
正しく　なるように，□の　中に　カードを　入れましょう。

①

	4	6
−		5
	4	1

②

	6	4
−	6	1
		3

③

	6	1
−	4	1
	2	0

P.22

3 ひき算の　ひっ算
ひき算　①（5）

月　　日　なまえ

くり下がりなし

①　34 − 13　21
②　65 − 35　30
③　49 − 31　18
④　54 − 2　52
⑤　46 − 42　4
⑥　58 − 22　36
⑦　76 − 6　70
⑧　95 − 30　65
⑨　73 − 23　50
⑩　28 − 6　22
⑪　41 − 10　31
⑫　62 − 51　11
⑬　92 − 2　90
⑭　78 − 71　7
⑮　86 − 44　42

3 ひき算の　ひっ算
ひき算　②（1）

月　　日　なまえ

くり下がりあり

1　なつきさんは　あめを　56こ　もって　います。弟《おとうと》に　17こ
あげました。のこりの　あめは　何《なん》こですか。

①　しきを　書《か》きましょう。　56 − 17

②　①の　計算《けいさん》を　ひっ算で　しましょう。

（十のくらい）（一のくらい）

	5	6
−	1	7

くらいを　たてに
そろえて　書く。

➡

	④	10
	~~5~~	6
−	1	7
		9

一のくらいの　計算
6から　7は　ひけないので，
十のくらいから　1　くり下げる。
16 − 7 = 9

➡

	④	
	~~5~~	6
−	1	7
	3	9

十のくらいの　計算
1　くり下げたので　4
4 − 1 = 3

③　答《こた》えを　書きましょう。

56 − 17 = 39

	④	
	~~5~~	6
−	1	7
	3	9

答え　39こ

2　62 − 38を　ひっ算で　しましょう。

	⑤	
	~~6~~	2
−	3	8
	2	4

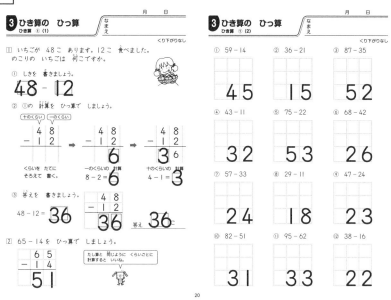

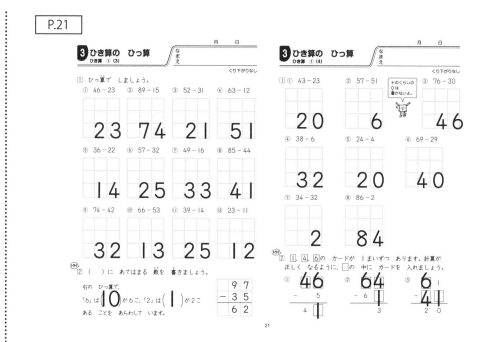

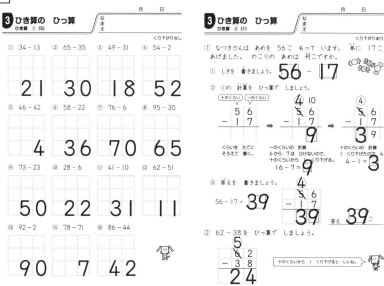

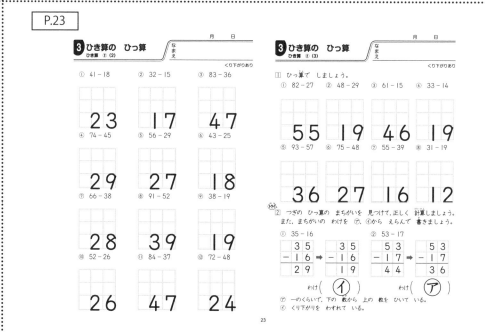

P.23

3 ひき算の　ひっ算
ひき算　②（2）

月　　日　なまえ

くり下がりあり

①　41 − 18　23
②　32 − 15　17
③　83 − 36　47
④　74 − 45　29
⑤　56 − 29　27
⑥　43 − 25　18
⑦　66 − 38　28
⑧　91 − 52　39
⑨　38 − 19　19
⑩　52 − 26　26
⑪　84 − 37　47
⑫　72 − 48　24

3 ひき算の　ひっ算
ひき算　②（3）

月　　日　なまえ

くり下がりあり

1　ひっ算《さん》で　しましょう。

①　82 − 27　55
②　48 − 29　19
③　61 − 15　46
④　33 − 14　19
⑤　93 − 57　36
⑥　75 − 48　27
⑦　55 − 39　16
⑧　31 − 19　12

トライ
2　つぎの　ひっ算の　まちがいを　見つけて，正しく　計算《けいさん》しましょう。
また，まちがいの　わけを　㋐，㋑から　えらんで　書《か》きましょう。

①　35 − 16

	3	5
−	1	6
	2	9

➡

	3	5
−	1	6
	1	9

わけ（㋑）

②　53 − 17

	5	3
−	1	7
	4	4

➡

	5	3
−	1	7
	3	6

わけ（㋐）

㋐　一のくらいで，下の　数《かず》から　上の　数を　ひいて　いる。
㋑　くり下がりを　わすれて　いる。

P.24

3 ひき算の ひっ算
ひき算 ② (4)

月　日　なまえ

くり下がりあり

1 ひっ算《さん》て しましょう。

① 50－23	② 90－45	③ 70－38	④ 40－16
27	45	32	24
⑤ 32－29	⑥ 64－56	⑦ 80－74	⑧ 50－49
3	8	6	1

2 80円て，下の おかしを １こ 買《か》います。つぎの ものを 買うと，のこりは いくらですか。

 ゼリー 52円　 わたがし 25円　 あめ 63円　 チョコレート 78円

① いちばん 高《たか》い おかし

しき 80－78＝2　　答《こた》え 2円

② いちばん やすい おかし

しき 80－25＝55　　答え 55円

24

3 ひき算の ひっ算
ひき算 ② (5)

月　日　なまえ

くり下がりあり

1 ひっ算《さん》て しましょう。

① 62－8	② 45－9	③ 33－4	④ 81－6
54	36	29	75
⑤ 54－7	⑥ 77－8	⑦ 40－3	⑧ 90－9
47	69	37	81
⑨ 60－5	⑩ 30－2	⑪ 70－6	⑫ 80－4
55	28	64	76

2 □に 数字《すうじ》を 入れ，正しい ひっ算を つくりましょう。

① 9 [2] － 6 ＝ 8 6
② [5] 0 － 9 ＝ 4 1
③ [7] 0 － 7 ＝ 6 3

P.25

3 ひき算の ひっ算
ひき算 ② (6)

月　日　なまえ

くり下がりあり

1 ひっ算《さん》て しましょう。

① 73－28	② 40－14	③ 61－36	④ 50－48
45	26	25	2
⑤ 94－6	⑥ 70－2	⑦ 72－9	⑧ 32－17
88	68	63	15
⑨ 80－77	⑩ 54－19	⑪ 90－5	⑫ 60－36
3	35	85	24

2 あゆみさんは，83円 もって います。67円の えんぴつを 買《か》います。のこりは いくらですか。

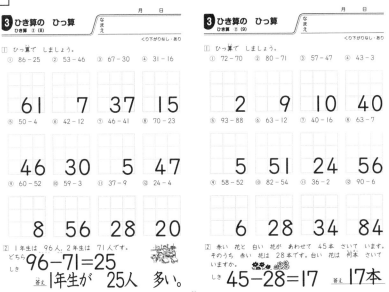

しき 83－67＝16　　答《こた》え 16円

3 ひき算の ひっ算
ひき算 ② (7)

月　日　なまえ

くり下がりあり

1 ひっ算《さん》て しましょう。

① 60－21	② 41－27	③ 72－7	④ 40－4
39	14	65	36
⑤ 30－28	⑥ 50－5	⑦ 42－39	⑧ 65－6
2	45	3	59
⑨ 52－44	⑩ 86－59	⑪ 70－66	⑫ 90－72
8	27	4	18

2 教室《きょうしつ》に 子どもが 20人 います。9人 帰《かえ》りました。のこって いる 子どもは 何人《なんにん》ですか。

しき 20－9＝11　　答え 11人

25

P.26

3 ひき算の ひっ算
ひき算 ② (8)

月　日　なまえ

くり下がりなし・あり

1 ひっ算《さん》て しましょう。

① 86－25	② 53－46	③ 67－30	④ 31－16
61	7	37	15
⑤ 50－4	⑥ 42－12	⑦ 46－41	⑧ 70－23
46	30	5	47
⑨ 60－52	⑩ 59－3	⑪ 37－9	⑫ 24－4
8	56	28	20

2 1年生は 96人，2年生は 71人です。どちら

しき 96－71＝25

答《こた》え 1年生が 25人 多い。

26

3 ひき算の ひっ算
ひき算 ② (9)

月　日　なまえ

くり下がりなし・あり

1 ひっ算《さん》て しましょう。

① 72－70	② 80－71	③ 57－47	④ 43－3
2	9	10	40
⑤ 93－88	⑥ 63－12	⑦ 40－16	⑧ 63－7
5	51	24	56
⑨ 58－52	⑩ 82－54	⑪ 36－2	⑫ 90－6
6	28	34	84

2 赤い 花と 白い 花が あわせて 45本 さいて います。そのうち 赤い 花は 28本です。白い 花は 何本《なんぼん》 さいて いますか。

しき 45－28＝17　　答え 17本

P.27

3 ひき算の ひっ算
ひき算 ② (10)

月　日　なまえ

くり下がりなし・あり

1 ひっ算《さん》て しましょう。

① 56－16	② 60－54	③ 37－34	④ 66－8
40	6	3	58
⑤ 81－73	⑥ 96－35	⑦ 43－14	⑧ 77－2
8	61	29	75
⑨ 30－3	⑩ 64－60	⑪ 89－9	⑫ 50－33
27	4	80	17

2 ぜんぶて 82ページの 本が あります。今日《きょう》までに 26ページ 読《よ》みました。のこりは 何《なん》ページですか。

しき 82－26＝56　　56ページ

27

3 ひき算の ひっ算
ひき算 ② (11)

月　日　なまえ

くり下がりなし・あり

1 ひっ算《さん》て しましょう。

① 40－32	② 62－2	③ 82－35	④ 96－5
8	60	47	91
⑤ 47－40	⑥ 91－86	⑦ 58－56	⑧ 70－6
7	5	2	64
⑨ 74－12	⑩ 38－28	⑪ 60－27	⑫ 54－9
62	10	33	45

2 クッキーが 50まい あります。7まい 食《た》べると，のこりは 何《なん》まいに なりますか。

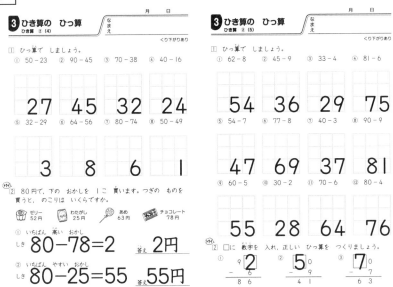

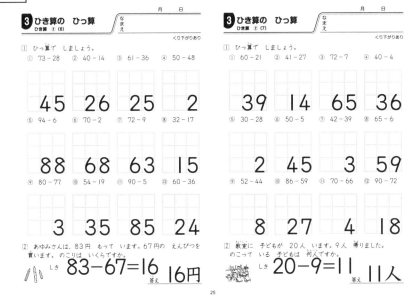

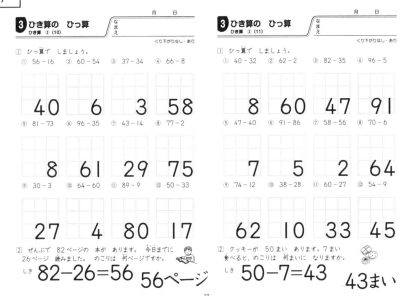

しき 50－7＝43　　43まい

児童に実施させる前に，必ず指導される方が問題を解いてください。本書の解答は，あくまでも１つの例です。指導される方の作られた解答をもとに，本書の解答例を参考に児童の多様な考えに寄り添って○つけをお願いします。

P.28

3 ひき算の　ひっ算
ひき算の　きまり (1)

月　日　なまえ

① ともやさんの　学校の　体いくかんには，ボールが　ぜんぶで　32こ　あります。今《いま》，かごに　13こ　のこって　います。つかって　いる　ボールは　何《なん》こですか。

① 下の　図《ず》の（　　）に，数《かず》を　書《か》きましょう。

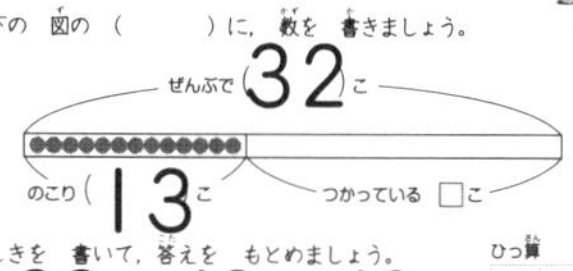

② しきを　書いて，答《こた》えを　もとめましょう。

しき　32 − 13 = 19

答《こた》え　19こ

ひっ算《さん》：32 − 13 = 19

③ ひき算の　答えに　ひく数を　たして，答えの　たしかめを　しましょう。

たしかめ：19 + 13 = 32

（ひき算の　答えに　ひく数を　たすと，ひかれる数に　なるよ。）

② 54 − 26を　ひっ算で　しましょう。また，ひき算の　答えを　たし算で　たしかめましょう。

	ひき算	たし算
ひかれる数	54	28
ひく数	− 26	+ 26
答え	28	54

3 ひき算の　ひっ算
ひき算の　きまり (2)

月　日　なまえ

① つぎの　ひき算《さん》を　ひっ算で　しましょう。また，たし算を　して　答《こた》えを　たしかめましょう。

① 62 − 35　　62 − 35 = 27　たしかめ　27 + 35 = 62

② 40 − 18　　40 − 18 = 22　たしかめ　22 + 18 = 40

③ 37 − 9　　37 − 9 = 28　たしかめ　28 + 9 = 37

④ 85 − 67　　85 − 67 = 18　たしかめ　18 + 67 = 85

② 下の　ひき算の　答えの　たしかめに　なる　たし算の　しきを　右から　えらんで　線《せん》で　むすびましょう。

72 − 38 ―― 34 + 38

56 − 9 ―― 47 + 9

91 − 82 ―― 9 + 82

（34 + 56）

P.29

3 ふりかえり・たしかめ (1)
ひき算の　ひっ算

月　日　なまえ

① ひっ算《さん》で　しましょう。

① 68 − 42 = 26　② 33 − 29 = 4　③ 75 − 30 = 45　④ 47 − 7 = 40

⑤ 51 − 16 = 35　⑥ 70 − 34 = 36　⑦ 22 − 5 = 17　⑧ 90 − 3 = 87

② かごに　みかんが　26こ，りんごが　15こ　入って　います。どちらが　何《なん》こ　多《おお》いですか。

しき　26 − 15 = 11

答《こた》え　みかんが　11こ　多い。

③ 計算《けいさん》プリントが　32まい　あります。朝《あさ》に　8まい　やりました。のこりは　何まいですか。

しき　32 − 8 = 24

答え　24まい

3 ふりかえり・たしかめ (2)
ひき算の　ひっ算

月　日　なまえ

① ひっ算《さん》で　しましょう。

① 54 − 13 = 41　② 82 − 80 = 2　③ 46 − 26 = 20　④ 96 − 2 = 94

⑤ 63 − 49 = 14　⑥ 37 − 29 = 8　⑦ 50 − 41 = 9　⑧ 24 − 8 = 16

② つぎの　ひっ算の　まちがいを　見つけて，正しく　計算《けいさん》しましょう。

① 53 − 27　　53 − 27 = 34 ➡ 53 − 27 = 26

② 71 − 52　　71 − 52 = 29 ➡ 71 − 52 = 19

③ 92 − 6　　92 − 6 = 32 ➡ 92 − 6 = 86

④ 30 − 14　　30 − 14 = 24 ➡ 30 − 14 = 16

P.30

3 ふりかえり・たしかめ (3)
ひき算の　ひっ算

月　日　なまえ

① ひき算《さん》の　答《こた》えの　たしかめに　なる　たし算の　しきは　どれですか。線《せん》で　むすびましょう。

69 − 27 ―― 42 + 27

40 − 6 ―― 34 + 6

83 − 54 ―― 29 + 54

35 − 10 ―― 25 + 10

② 下の　絵《え》を　見て　答えましょう。

① 35円の　ヨーグルトを　1こ　買《か》って，50円玉で　はらいます。おつりは　いくらですか。

しき　50 − 35 = 15

答《こた》え　15円

② 90円で，27円の　クッキーと，上の　どれか　1つを　買います。どれが　買えますか。すべて　えらんで，（　　）に　書きましょう。

（ドーナツ，ヨーグルト）

3 チャレンジ
ひき算の　ひっ算

月　日　なまえ

● 1から　9までの　カードが　1まいずつ　あります。

1 2 3 4 5 6 7 8 9

この　中から　6まいを　えらんで，ひき算《さん》の　ひっ算を　つくります。□に　あてはまる　数《かず》を　書《か》きましょう。

① 65 − 47 = 18

② 98 − 73 = 25　（②は，答えが　2つ　あるよ。）

（68 − 43 = 25）

③ 61 − 34 = 27　（③は，答えは　10こ　あるよ。いくつ　わかるかな。）

（91 − 34 = 57，82 − 35 = 47，65 − 38 = 27，56 − 39 = 17，86 − 39 = 47，98 − 31 = 67，58 − 31 = 27，89 − 32 = 57，49 − 32 = 17）

P.31

3 まとめのテスト
ひき算の　ひっ算

月　日　なまえ

【知識・技能】

① ひっ算《さん》で　しましょう。(5×10)

① 87 − 42 = 45　② 38 − 31 = 7

③ 54 − 50 = 4　④ 96 − 90 = 6

⑤ 69 − 6 = 63　⑥ 72 − 18 = 54

⑦ 40 − 31 = 9　⑧ 23 − 7 = 16

⑨ 60 − 3 = 57　⑩ 45 − 17 = 28

【思考・判断・表現】

② 公園《こうえん》で　子どもが　32人　あそんで　います。そのうち　おにごっこを　して　いる　子どもは　13人です。おにごっこを　して　いない　子どもは　何人《なんにん》ですか。(5×2)

しき　32 − 13 = 19　答え　19人

③ さくらんぼが　26こ　あります。6こ　食べると，のこりは　何こに　なりますか。(5×2)

しき　26 − 6 = 20　答え　20こ

④ 80円で，42円の　きゅうりを　1本　買います。のこりは　いくらですか。(5×2)

しき　80 − 42 = 38　答え　38円

⑤ 玉入れで，赤組《あかぐみ》は　76こ，白組《しろぐみ》は　60こ　入りました。どちらが　何こ　多《おお》く　入りましたか。(5×2)

しき　76 − 60 = 16　答え　赤組が　16こ　多く　入った。

⑥ なわとびで，きのうは　48回《かい》，今日《きょう》は　53回　とびました。今日は，きのうより　何回　多く　とびましたか。(5×2)

しき　53 − 48 = 5　答え　5回

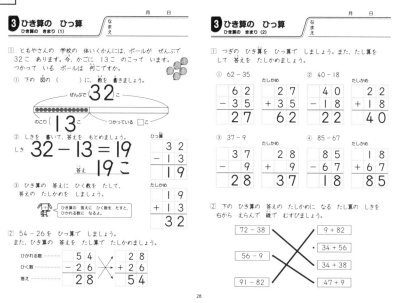

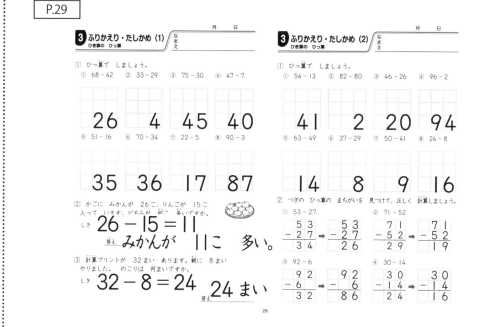

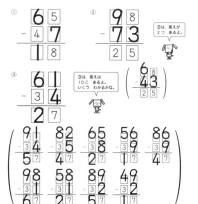

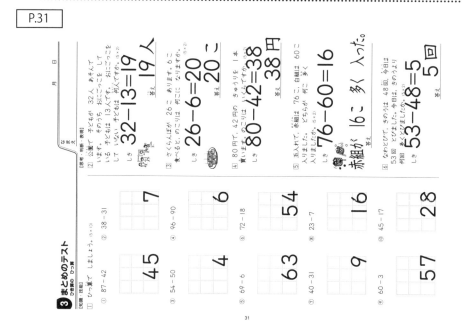

P.32

どんな計算になるのかな？
どんな計算になるのかな？ (1)　月　日　なまえ

1 いちごケーキが 23こ，チョコレートケーキが 15こ あります。ケーキは ぜんぶで 何《なん》こ ありますか。

しき 23 + 15 = 38

答《こた》え 38こ

2 メロンパンは 1こ 94円です。あんパンは，メロンパンより 6円 やすいです。あんパンは いくらですか。

しき 94 − 6 = 88

答え 88円

3 ひなたさんの クラスには，本が ぜんぶで 58さつ あります。今，かし出し中の 本は 36さつです。クラスに のこって いる 本は，何さつですか。

しき 58 − 36 = 22

答え 22さつ

どんな計算になるのかな？
どんな計算になるのかな？ (2)　月　日　なまえ

1 6人の 子どもが，1人 1こずつ ボールを つかって あそんで います。ボールは，かごの 中に あと 18こ あります。ボールは，ぜんぶで 何《なん》こ ありますか。

しき 6 + 18 = 24

答《こた》え 24こ

2 たいちさんは 魚《さかな》を 14ひき，お父《とう》さんは 25ひき つりました。どちらが 何びき 多《おお》く つりましたか。

しき 25 − 14 = 11

答え お父さんが 11ぴき 多く つった。

3 電車《でんしゃ》に 67人 のって います。 つぎの えきで，13人 のって きました。 電車に のって いる 人は，ぜんぶで 何人に なりましたか。

しき 67 + 13 = 80

答え 80人

P.33

どんな計算になるのかな？
どんな計算になるのかな？ (3)　月　日　なまえ

1 ノートが 50さつ あります。 1人に 1さつずつ，33人の 子どもに くばりました。 のこりの ノートは 何《なん》さつですか。

しき 50 − 33 = 17

答《こた》え 17さつ

2 きのう，トマトが 26こ とれました。 今日《きょう》は，きのうより 8こ 多《おお》く とれました。 今日は，トマトが 何こ とれましたか。

しき 26 + 8 = 34

答え 34こ

3 水そうに メダカが 39ひき います。 メダカの 赤ちゃんが 10ぴき 生まれました。 メダカは，ぜんぶで 何びきに なりましたか。

しき 39 + 10 = 49

答え 49ひき

どんな計算になるのかな？
どんな計算になるのかな？ (4)　月　日　なまえ

1 45円の えんぴつと 37円の けしゴムを 買《か》います。だい金は いくらに なりますか。

しき 45 + 37 = 82

答《こた》え 82円

2 まなみさんは ひまわりの たねを 72こ もって います。妹《いもうと》に 28こ あげると，のこりは 何《なん》こに なりますか。

しき 72 − 28 = 44

答え 44こ

3 たなには，おさらが ぜんぶで 45まい あります。今《いま》，36まい のこって います。 つかって いる おさらは 何まいですか。

しき 45 − 36 = 9

答え 9まい

P.34

4 長さの たんい
長さの たんい (1)　月　日　なまえ

1 ㋐と ㋑の テープの 1めもり 1cmの ものさしで 長《なが》さを はかります。（　）に あてはまる 数《かず》や たんいを 書《か》きましょう。

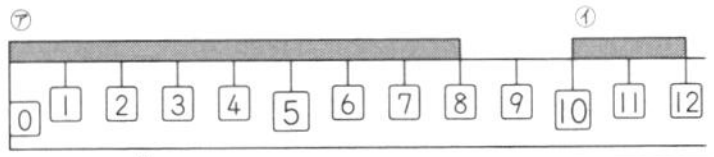

長さは，(1) センチメートルが いくつ分《ぶん》 あるかで あらわします。センチメートルは 長さの たんいで，(cm) と 書きます。

㋐の テープの 長さは，1cmの (8) つ分で，(8) cm

㋑の テープの 長さは，1cmの (2) つ分で，(2) cm

2 cmを 書く れんしゅうを しましょう。

1cm　2cm　3cm　4cm

3 つぎの ものの 長さは 何《なん》cmですか。

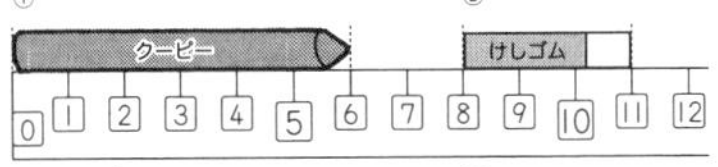

① (6) cm　② (3) cm

4 長さの たんい
長さの たんい (2)　月　日　なまえ

1 右の テープの 長《なが》さを はかります。( ) に あてはまる 数《かず》や たんいを 書《か》きましょう。

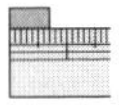

1cmを 同《おな》じ 長さに，(10) に 分けた 1つ分の 長さを 1ミリメートルと いい，1 (mm) と 書きます。

1cm = (10) mm

上の テープの 長さは，1mmの (7) つ分で，(7) mm

2 mmを 書く れんしゅうを しましょう。

1mm　2mm　3mm　4mm

3 左はしから，㋐，㋑，㋒までの 長さは，それぞれ どれだけですか。

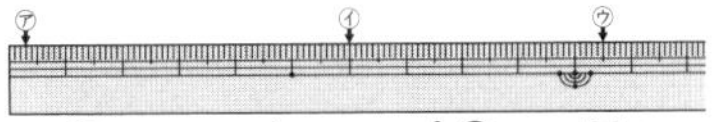

㋐ (3) mm　㋑ (6) cm　㋒ (10) cm (5) mm

4 ㋕から ㋖までの 長さは 何cm何mmですか。

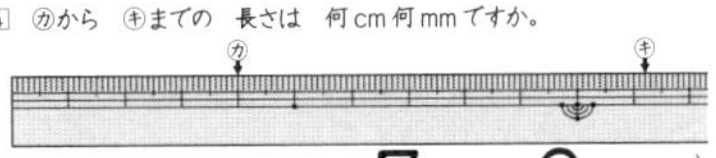

(7cm2mm)

P.35

4 長さの たんい
長さの たんい (3)　月　日　なまえ

1 つぎの ものの 長《なが》さは 何《なん》cm何mmですか。

① (4 cm 5 mm)

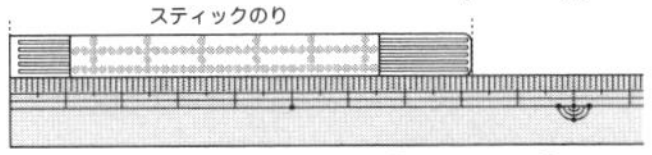

② (8cm2mm)

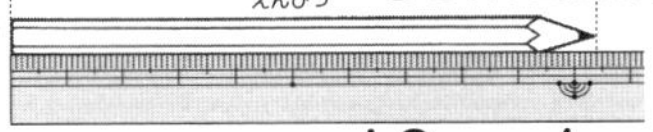

③ (10cm4mm)

2 つぎの ←→の長さは 何cm何mmですか。 ものさしで はかりましょう。

① (2) cm (9) mm

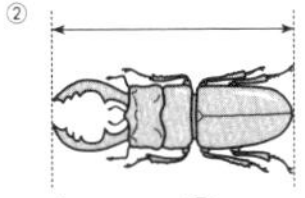

② (4) cm (3) mm

4 長さの たんい
長さの たんい (4)　月　日　なまえ

1 下の 直線《ちょくせん》の 長《なが》さは 何《なん》cm何mmですか。また，何mmですか。

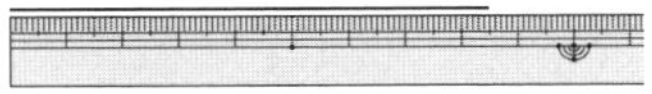

(8 cm 5 mm)
(85 mm)

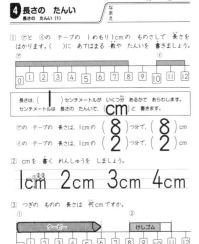

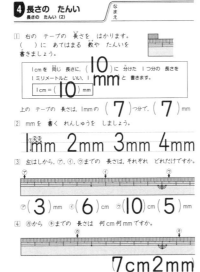

2 つぎの 直線の 長さは 何cm何mmですか。また，何mmですか。ものさしで はかりましょう。

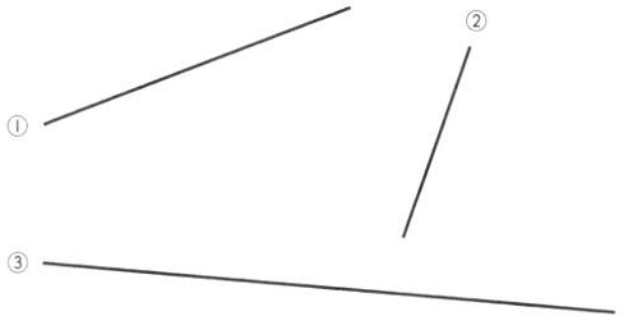

① (5 cm 8 mm)，(58 mm)
② (3 cm 5 mm)，(35 mm)
③ (10 cm 2 mm)，(102 mm)

解答

児童に実施させる前に，必ず指導される方が問題を解いてください。本書の解答は，あくまでも１つの例です。指導される方の作られた解答をもとに，本書の解答例を参考に児童の多様な考えに寄り添って◯つけをお願いします。

P.36

4 長さの　たんい
長さの　たんい (5)

月　　日　なまえ

1 (　　)に　あてはまる　数《かず》を　書《か》きましょう。

① 3cm = (30) mm
② 60mm = (6) cm
③ 2cm8mm = (28) mm
④ 9cm1mm = (91) mm
⑤ 47mm = (4) cm (7) mm
⑥ 76mm = (7) cm (6) mm

1cm = 10mm だね。

2 つぎの　長《なが》さの　直線《ちょくせん》を　・から　ひきましょう。

① 5cm
② 7cm3mm
③ 68mm

略

トライ
3 つぎの　㋐，㋑，㋒を，長い　じゅんに　ならべて，記《き》ごうで　書きましょう。

㋐ 6cm　　㋑ 58mm　　㋒ 6cm3mm

(ウ) → (ア) → (イ)

4 長さの　たんい
長さの　計算 (1)

月　　日　なまえ

● ㋐の　線《せん》と　㋑の　線の　長《なが》さを　くらべましょう。

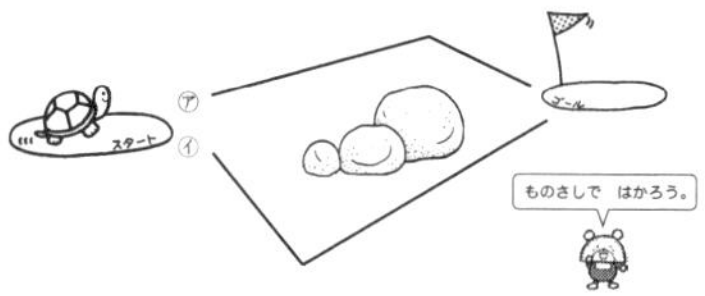

① ㋐の　線の　長さは　どれだけですか。

4 cm + 2 cm = 6 cm

② ㋑の　線の　長さは　どれだけですか。

2 cm 5 mm + 5 cm = 7 cm 5 mm

③ どちらの　線が　どれだけ　長いですか。

しき 7 cm 5 mm − 6 cm = 1 cm 5 mm

答《こた》え　㋑の　線が　1 cm 5 mm　長い。

同《おな》じ　たんいの　数どうしを　計算するよ。

P.37

4 長さの　たんい
長さの　計算 (2)

月　　日　なまえ

1 計算《けいさん》を　しましょう。

① 11cm6mm + 3cm = 14cm6mm
② 18cm8mm − 5cm = 13cm8mm
③ 4cm3mm + 2mm = 4cm5mm
④ 6mm + 3cm1mm = 3cm7mm
⑤ 12cm9mm − 7mm = 12cm2mm
⑥ 5cm4mm + 10cm3mm = 15cm7mm
⑦ 7cm7mm − 2cm4mm = 5cm3mm

2 赤い　テープの　長《なが》さは　9cm6mm，青い　テープの　長さは　6cm です。

① 2本の　テープを　かさならないように　つなぐと，何《なん》cm 何 mm に　なりますか。

しき 9cm6mm+6cm=15cm6mm

答え 15cm6mm

② 2本の　テープの　長さの　ちがいは　何 cm 何 mm ですか。

しき 9cm6mm−6cm=3cm6mm

答え 3cm6mm

4 ふりかえり・たしかめ (1)
長さの　たんい

月　　日　なまえ

1 左はしから，㋐，㋑，㋒，㋓までの　長《なが》さは，それぞれ　何《なん》cm 何 mm ですか。

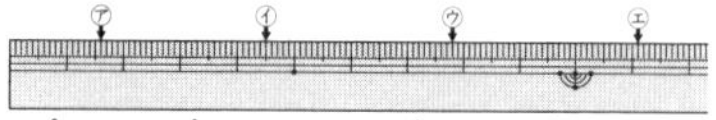

㋐ 1cm6mm　㋑ 4cm5mm
㋒ 7cm8mm　㋓ 11cm1mm

2 ものさしで　←→の長さを　はかりましょう。何 cm 何 mm ですか。また，何 mm ですか。

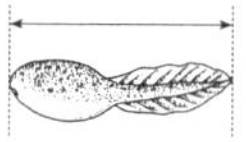

(3 cm 9 mm)，(39 mm)

3 下の　直線《ちょくせん》の　長さを　ものさしで　はかりましょう。何 cm 何 mm ですか。また，何 mm ですか。

(7 cm 3 mm)，(73 mm)

4 8cm4mm の　長さの　直線を　・から　ひきましょう。

略

P.38

4 ふりかえり・たしかめ (2)
長さの　たんい

月　　日　なまえ

1 (　　)に　あてはまる　数《かず》を　書《か》きましょう。

① 1cm を (10) に　分《わ》けた　1つ分《ぶん》の　長《なが》さは　1mm です。
② 1cm の　6つ分の　長さは (6) cm です。
③ 7mm は，1mm の (7) つ分の　長さです。
④ 4cm と　3mm を　あわせた　長さは，(4) cm (3) mm です。また，(43) mm です。

2 (　　)に　あてはまる　数を　書きましょう。

① 8cm = (80) mm
② 20mm = (2) cm
③ 5cm9mm = (59) mm
④ 62mm = (6) cm (2) mm

3 (　　)に　あてはまる　長さの　たんいを　書きましょう。

① 教科書《きょうかしょ》の　あつさ ……………… 6 (mm)
② はがきの　よこの　長さ ……… 10 (cm)

4 ふりかえり・たしかめ (3)
長さの　たんい

月　　日　なまえ

1 計算《けいさん》を　しましょう。

① 3cm5mm + 8cm = 11cm5mm
② 7cm4mm − 2cm = 5cm4mm
③ 8cm1mm + 6mm = 8cm7mm
④ 2mm + 4cm4mm = 4cm6mm
⑤ 6cm9mm − 1mm = 6cm8mm

2 あつさが　2cm の　絵本《えほん》と，あつさが　3cm2mm の　図《ず》かんが　あります。

① 2さつ　つみかさねると，あつさは　何《なん》cm 何 mm に　なりますか。

しき 2cm+3cm2mm=5cm2mm

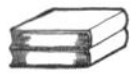

答え 5cm2mm

② 2さつの　あつさの　ちがいは　何 cm 何 mm ですか。

しき 3cm2mm−2cm=1cm2mm

答え 1cm2mm

P.39

4 まとめのテスト
長さの　たんい

月　　日　名前

【知識・技能】

1 左はしから，㋐，㋑までの　長《なが》さは，それぞれ　どれだけですか。(6×2)

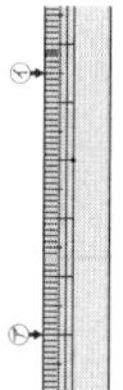

㋐ (2 cm)　㋑ (6 cm 5 mm)

2 つぎの　ものの　長さは　どれだけですか。(6×2)

① てんとうむし　② クリップ

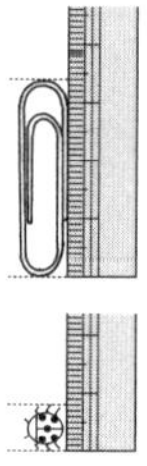

(8 mm)　(3 cm 4 mm)

3 つぎの　長《なが》さの　直線《ちょくせん》を　・から　右に　ひきましょう。(6×2)

① 3cm4mm
② 43mm

略

4 (　　)に　あてはまる　数を　書きましょう。(6×2)

① 5cm = (50) mm
② 81mm = (8) cm (1) mm

5 (　　)に　あてはまる　長さの　たんいを　書きましょう。(6×2)

① ノートの　あつさ ………… 5 (mm)
② えんぴつの　長さ ………… 10 (cm)

【思考・判断・表現】

6 ㋐の　線と　㋑の　線の　長さを　くらべましょう。

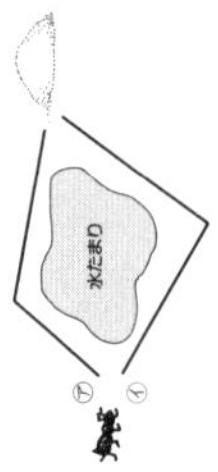

① ㋐の　線の　長さは　何 cm ですか。(5×2)

しき 2cm+3cm=5cm

答え 5cm

② ㋑の　線の　長さは　何 cm 何 mm ですか。(5×2)

しき 3cm+3cm2mm=6cm2mm

答え 6cm2mm

③ どちらの　線が　何 cm 何 mm　長いですか。(5×2)

しき 6cm2mm−5cm=1cm2mm

答え ㋑の　線が　1cm2mm　長い。

7 赤い　リボンは　7cm，青い　リボンは　8cm7mm です。どちらが　何 cm 何 mm　みじかいですか。(5×2)

しき 8cm7mm−7cm=1cm7mm

答え 赤い　リボンが　1cm7mm　みじかい。

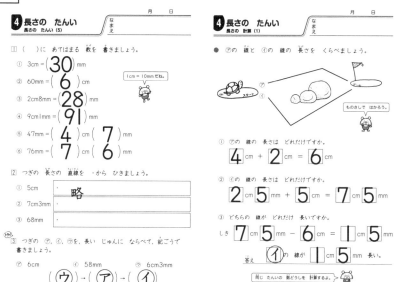

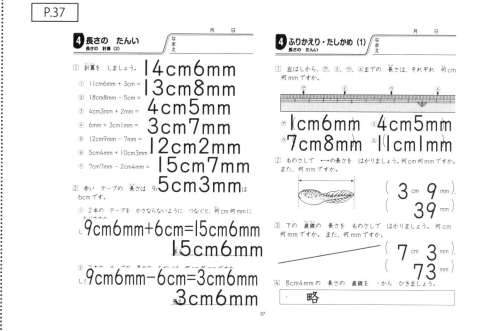

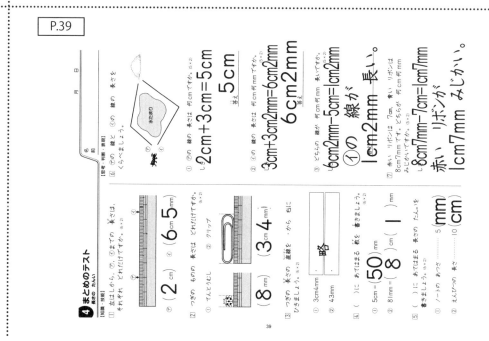

P.40

月　　日

5 3けたの　数
数の　あらわし方と　しくみ (1)
なまえ

● クラゲは　何《なん》びき　いますか。　10ずつ　○で　かこみましょう。100で大きく　かこみましょう。

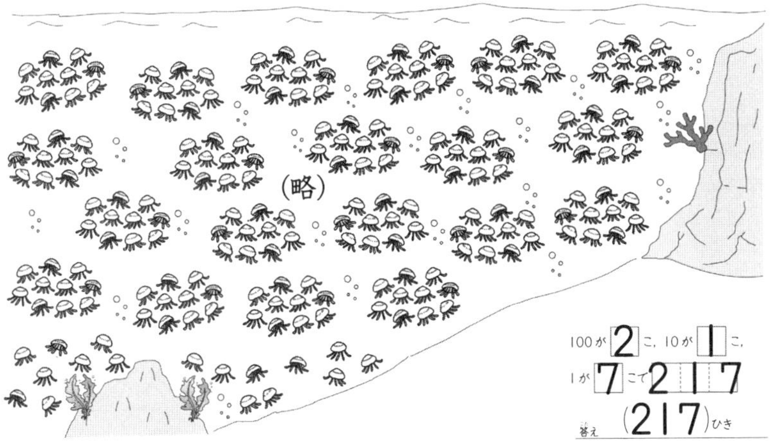

(略)

100が 2 こ，10が 1 こ，1が 7 こで 217

答え (217) ひき

40

P.41

月　　日

5 3けたの　数
数の　あらわし方と　しくみ (2)
なまえ

● ▢は　ぜんぶで　何《なん》こ　ありますか。読み方は　漢字で　書きましょう。

①

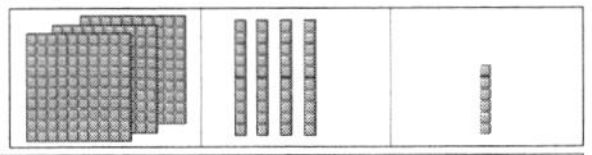

	百のくらい	十のくらい	一のくらい
漢数字《かんすうじ》	三百	四十	六
数字《すうじ》	3	4	6

②

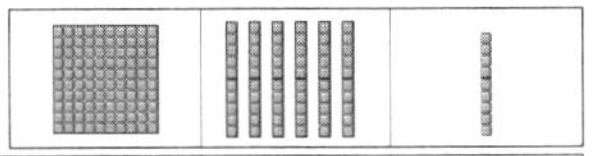

	百のくらい	十のくらい	一のくらい
漢数字	百	六十	九
数字	1	6	9

③

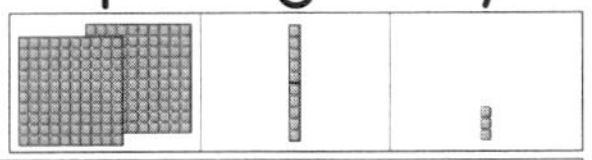

	百のくらい	十のくらい	一のくらい
漢数字	二百	十	三
数字	2	1	3

月　　日

5 3けたの　数
数の　あらわし方と　しくみ (3)
なまえ

● ▢は　ぜんぶで　何《なん》こ　ありますか。

①

	百のくらい	十のくらい	一のくらい
漢数字	百		七
数字	1	0	7

②

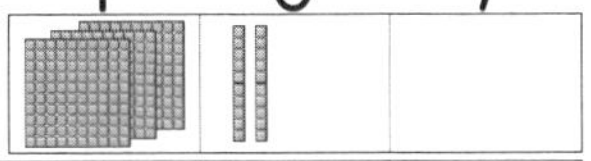

	百のくらい	十のくらい	一のくらい
漢数字	三百	二十	
数字	3	2	0

③

	百のくらい	十のくらい	一のくらい
漢数字	四百		
数字	4	0	0

41

P.42

月　　日

5 3けたの　数
数の　あらわし方と　しくみ (4)
なまえ

1 ぼうや　色紙《いろがみ》の　数《かず》を，数字《すうじ》で　書《か》きましょう。

①

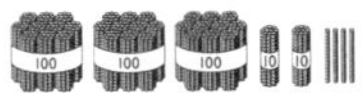

(324)

②

(403)

トライ ③

(136)

2 つぎの　数の　読み方を　かん字で　書きましょう。

① 197 (百九十七)　② 602 (六百二)

③ 410 (四百十)　④ 900 (九百)

3 数字で　書きましょう。

① 百二十三 (123)　② 三百七 (307)

③ 八百五十 (850)　④ 七百 (700)

月　　日

5 3けたの　数
数の　あらわし方と　しくみ (5)
なまえ

1 カードが　あらわして　いる　数《かず》を　書《か》きましょう。

①

100 100 100 100 100 100 100	10 10	1 1 1 1 1 1 1 1 1

	百のくらい	十のくらい	一のくらい
読み方	七百	二十	九
数字	7	2	9

②

100 100 100	10 10 10 10 10 10 10 10	

	百のくらい	十のくらい	一のくらい
読み方	三百	八十	
数字	3	8	0

2 234を　上のように　カードで　あらわしましょう。

それぞれの　く… カードを　書こ…

百のくらい	十のくらい	一のくらい
100 100	10 10 10	1 1 1 1

42

P.43

月　　日

5 3けたの　数
数の　あらわし方と　しくみ (6)
なまえ

1 (　　) に　あてはまる　数《かず》を　書《か》きましょう。

① 100を　5こ，10を　2こ，1を　8こ　あわせた　数は，(528) です。

② 100を　2こ，10を　9こ　あわせた　数は，(290) です。

③ 471は，100を (4) こ，10を (7) こ，1を (1) こ　あわせた　数です。

④ 306は，100を (3) こ，1を (6) こ　あわせた　数です。

⑤ 百のくらいの　数字《すうじ》が　9，十のくらいの　数字が　5，一のくらいの　数字が　2の　数は，(952) です。

⑥ 百のくらいの　数字が　4，十のくらいの　数字が　0，一のくらいの　数字が　3の　数は，(403) です。

2 つぎの　文を　しきに　あらわしましょう。

① 300と　9を　あわせた　数は，309です。

300 + 9 = 309

② 482は，400と　80と　2を　あわせた　数です。

482 = 400 + 80 + 2

③ 670は，600と　70を　あわせた　数です。

670 = 600 + 70

月　　日

5 3けたの　数
数の　あらわし方と　しくみ (7)
なまえ

1 (　　) に　あてはまる　数《かず》を　書《か》きましょう。

① 10を　13こ　あつめた　数は　いくつですか。

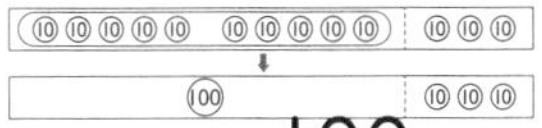

10が13こ 〈 10が　10こ → (100)，10が　3こ → (30) 〉 (130)

② 10を　25こ　あつめた　数は (250) です。

③ 10を　30こ　あつめた　数は (300) です。

2 (　　) に　あてはまる　数を　書きましょう。

① 240は　10を　何《なん》こ　あつめた　数ですか。

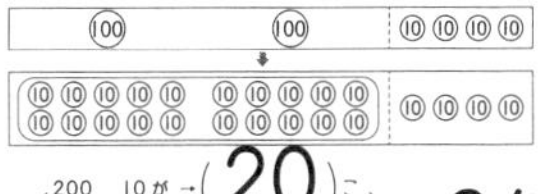

240 〈 200　10が → (20) こ，40　10が → (4) こ 〉 10が (24) こ

② 480は　10を (48) こ　あつめた　数です。

③ 600は　10を (60) こ　あつめた　数です。

43

解答

児童に実施させる前に，必ず指導される方が問題を解いてください。本書の解答は，あくまでも１つの例です。指導される方の作られた解答をもとに，本書の解答例を参考に児童の多様な考えに寄り添って○つけをお願いします。

P.44

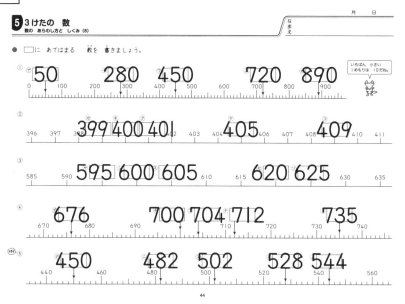

5 3けたの　数
数の　あらわし方と　しくみ (8)

月　　日　なまえ

● □に　あてはまる　数《かず》を　書《か》きましょう。

① ㋐ 50　㋑ 280　㋒ 450　㋓ 720　㋔ 890
（0　100　200　300　400　500　600　700　800　900）

いちばん　小さい　1めもりは　10だね。

② ㋕ 399　㋖ 400　㋗ 401　㋘ 405　㋙ 409
（396　397　398　402　403　404　406　407　408　410　411）

③ ㋚ 595　㋛ 600　㋜ 605　㋝ 620　㋞ 625
（585　590　610　615　630　635）

④ 676　700　704　712　735
（670　680　690　710　720　730　740）

トライ ⑤ 450　482　502　528　544
（440　460　480　500　520　540　560）

44

P.45

5 3けたの　数
数の　あらわし方と　しくみ (9)

月　　日　なまえ

1 下の　数《かず》の線《せん》を　見て，(　　) に　あてはまる　数を　書《か》きましょう。

① 百を (10) こ　あつめた　数を　千と　いい，(1000) と　書きます。

② 1000は，10を (100) こ　あつめた　数です。

③ 1000より　100　小さい　数は (900) です。

④ 1000より　80　小さい　数は (920) です。

⑤ 1000より　1　小さい　数は (999) です。

⑥ 800は，あと (200) で　1000に　なります。

いちばん　小さい

2 640は　どんな　数か　考《かんが》えましょう。

① 下の　数の線で，640を　あらわす　めもりに，↑を　かきましょう。

② (　　) に　あてはまる　数を　書きましょう。

㋐ 640は，(600) と　40を　あわせた　数です。
640＝(600)＋(40)

㋑ 640は，(700) より　60　小さい　数です。

㋒ 640は，10を (64) こ　あつめた　数です。

3 390に　ついて，(　　) に　あてはまる　数を　書きましょう。

㋐ 390は，300と (90) を　あわせた　数です。

㋑ 390は，300より (90) 大きい　数です。

㋒ 390は，10を (39) こ　あつめた　数です。

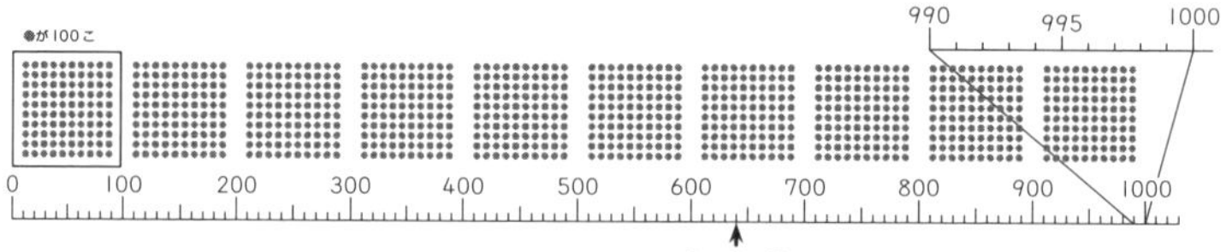

640

45

P.46

5 3けたの　数
何十，何百の　計算 (1)

月　　日　なまえ

1 (　　) に　あてはまる　数《かず》を　書《か》きましょう。

① 色紙《いろがみ》　30まいと　80まいを　あわせると　何《なん》まいに　なりますか。

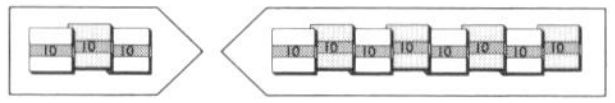

しきは，(30)＋(80)
10の　たばが，いくつかを　考えると，(3)＋(8)＝(11)
だから，10の　たばが (11) こで，答えは (110) まい

② 色紙を　130まい　もって　います。50まい　つかうと，のこりは　何まいに　なりますか。

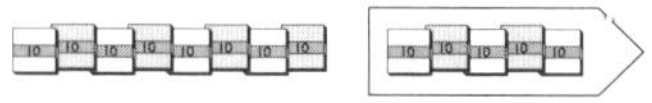

しきは，(130)－(50)
この　計算は，10の　たばで　考えると，(13)－(5)＝(8)
だから，10の　たばが (8) こで，答えは (80) まい

2 計算《けいさん》を　しましょう。

① 40＋90　130　② 60＋60　120　③ 80＋70　150
④ 160－70　90　⑤ 110－50　60　⑥ 140－90　50

46

5 3けたの　数
何十，何百の　計算 (2)

月　　日　なまえ

1 200円と　400円を　あわせると　何円《なんえん》に　なりますか。

100円が　何こに　なるかを　考えよう。

しき　200＋400＝600
答え　600円

2 700円　もって　います。300円　つかうと，のこりは　いくらに　なりますか。

しき　700－300＝400
答え　400円

3 計算を　しましょう。

① 300＋500　800　② 800＋100　900　③ 600＋400　1000
④ 800－200　600　⑤ 500－300　200　⑥ 1000－700　300
⑦ 400＋30　430　⑧ 430－30　400
⑨ 500＋6　506　⑩ 506－6　500

P.47

5 3けたの　数
数の　大小

月　　日　なまえ

1 □に　あてはまる　>，<を　書《か》きましょう。

① 599 ＜ 612　② 315 ＜ 351
③ 204 ＞ 202　④ 101 ＞ 95

まず，百のくらいの　数字から　くらべよう。

2 だいきさんは，160円　もって　います。　70円の　ゼリーと，ドーナツを　1こ　買《か》います。　下の　㋐，㋑，㋒の　どの　ドーナツが　買えますか。>，<，＝を　つかって　しきに　あらわして，答《こた》えましょう。

㋐ 160 ＝ 70＋90
㋑ 160 ＜ 70＋100
㋒ 160 ＞ 70＋60

答え (㋐　㋒)

3 □に　あてはまる　>，<，＝を　書きましょう。

① 130 ＞ 50＋70　② 600 ＝ 680－80
③ 30＋80 ＞ 101　④ 200＋40 ＜ 250

トライ
4 □に　あてはまる　数《かず》を，右の　[　　] の　中から　えらんで，すべて　○を　つけましょう。

① 360 ＜ 300＋□　　40　50　60　(70)　(80)
② 470－70 ＞ □　　(200)　(300)　400　500

47

5 ふりかえり・たしかめ (1)
3けたの　数

月　　日　なまえ

1 カードの　数を　数字《すうじ》で　書《か》きましょう。

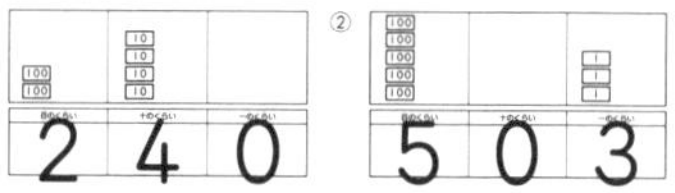

① 2 4 0　② 5 0 3

2 (　　) に　あてはまる　数《かず》を　書きましょう。

① 486は，100を (4) こ，10を (8) こ，1を (6) こあわせた　数です。

② 240は，100を (2) こ，10を (4) こ　あわせた　数です。

③ 百のくらいの　数字が　5，十のくらいの　数字が　6，一のくらいの　数字が　0の　数は，(560) です。

④ 10を　38こ　あつめた　数は (380) です。

⑤ 400は　10を (40) こ　あつめた　数です。

⑥ 1000は，100を (10) こ　あつめた　数です。

3 つぎの　文を　しきに　あらわしましょう。

600と　20と　5を　あわせた　数は，625です。

600＋20＋5＝625

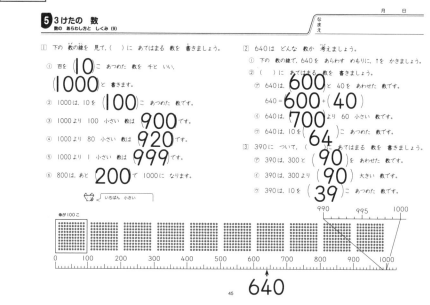

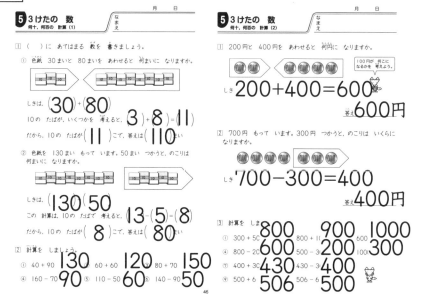

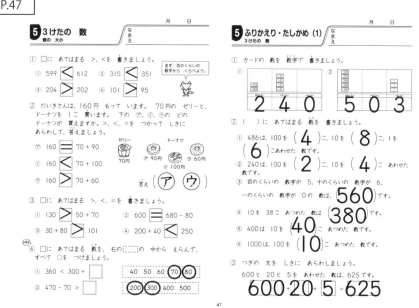

P.48

5 ふりかえり・たしかめ (2)
3けたの 数

月 日 なまえ

1 下の 数の線を 見て 答えましょう。

0 100 200 300 400 500 600

㋐ 60 ㋑ 240 ㋒ 490

① いちばん 小さい １めもりは いくつですか。（10）
② 上の ㋐～㋒の□に あてはまる 数を 書きましょう。
③ 580を あらわす めもりに，↑を かきましょう。
④ 580は，（500）と 80を あわせた 数です。
⑤ 580は，（600）より 20 小さい 数です。
⑥ 580は，10を（58）こ あつめた 数です。

2 □に あてはまる 数を 書きましょう。

480 485 490 4…5 500 505 515

5 ふりかえり・たしかめ (3)
3けたの 数

月 日 なまえ

1 計算を しましょう。

① 50＋60 110 ② 150－80 70 ③ 300＋400 700
④ 500＋500 1000 ⑤ 800－500 300 ⑥ 1000－400 600
⑦ 600＋90 690 ⑧ 408－8 400

2 □に あてはまる ＞，＜，＝を 書きましょう。

① 150 ＜ 80＋80 ② 420－20 ＞ 390
③ 509 ＝ 500＋9

3 3けたの 数を 書いた カードを ２まいずつ もっています。数が 大きい ほうの カードに ○を しましょう。

4 □に あてはまる 数字を すべて 書きましょう。

856 ＜ 8□6　6，7，8，9

48

P.49

5 まとめのテスト
3けたの 数

月 日 なまえ

【知識・技能】

1 つぎの 数を 数字で 書きましょう。(5×6)

① （134）
② （310）
③ 百八 （108）
④ 100を 6こ，10を 5こ あわせた 数 （650）
⑤ 百のくらいの 数字が 8，十のくらいの 数字が 1，一のくらいの 数字が 3の 数 （813）
⑥ 10を 51こ あつめた 数 （510）

2 □に あてはまる 数を 書きましょう。(5×2)

970 980 990 1000

㋐ 984 ㋑ 999

3 □に あてはまる ＞，＜を 書きましょう。(5×2)

① 40＋90 ＞ 120
② 50 ＜ 170－90

【思考・判断・表現】

4 どうぶつの カードが 80まい，花の カードが 90まい あります。あわせて 何まいですか。(5×2)

しき 80＋90＝170
答え 170まい

5 さやかさんは，140円 もって います。50円の アイスクリームを 買います。のこりは いくらですか。(5×2)

しき 140－50＝90
答え 90円

6 3けたの 数を くらべます。□に あてはまる 数字を すべて 書きましょう。(10)

544 ＞ 5□5　（3，2，1，0）

7 460を ㋐～㋓の 見方で あらわしました。（ ）に あてはまる 数を 書きましょう。(5×4)

㋐ 460は，（400）と 60を あわせた 数です。
㋑ 460は，（500）より 40 小さい 数です。
㋒ 460は，400より（60）大きい 数です。
㋓ 460は，10を（46）こ あつめた 数です。

49

P.50

6 水の かさの たんい
水の かさの たんい (1)

月 日 なまえ

1 下の ティーポットに 入る 水の かさは どれだけですか。（ ）に あてはまる 数や たんいを 書きましょう。

水などの かさは，１デシリットルが いくつ分 あるかで あらわします。
デシリットルは かさの たんいで，（dL）と 書きます。
上の ティーポットに 入る 水の かさは，
１dLの（6）つ分で，（6）dL

2 dLを 書く れんしゅうを しましょう。

1dL 2dL 3dL 4dL

3 ２つの びんの 水の かさは，それぞれ １dLの いくつ分で，何dLですか。また，どちらの びんの ほうが，何dL 多く 入りますか。

㋐ １dLの（5）つ分で，（5）dL
㋑ １dLの（7）つ分で，（7）dL
（㋑）の びんの ほうが，（2）dL 多く 入る。

6 水の かさの たんい
水の かさの たんい (2)

月 日 なまえ

1 下の なべに 入る 水の かさは どれだけですか。（ ）に あてはまる 数や たんいを 書きましょう。

1L＝10dL
１めもりは 1dL だね。

大きな かさを あらわす ときは，リットルと いう たんいを つかいます。リットルは（L）と 書きます。
1L＝（10）dL

上の なべに 入る 水の かさは，（1）L（7）dL

2 dLを 書く れんしゅうを しましょう。

1L 2L 3L 4L

3 下の ポットに 入る 水の かさは，1Lの いくつ分で，何Lですか。

1Lの（4）つ分で，（4）L

50

P.51

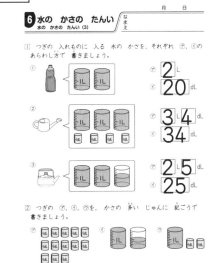

6 水の かさの たんい
水の かさの たんい (3)

月 日 なまえ

1 つぎの 入れものに 入る 水の かさを，それぞれ ㋐，㋑の あらわし方で 書きましょう。

① ㋐ 2L ㋑ 20dL
② ㋐ 3L4dL ㋑ 34dL
③ ㋐ 2L5dL ㋑ 25dL

2 つぎの ㋐，㋑，㋒を，かさの 多い じゅんに 記ごうで 書きましょう。

（㋑）→（㋐）→（㋒）

6 水の かさの たんい
水の かさの たんい (4)

月 日 なまえ

1 （ ）に あてはまる 数や たんいを 書きましょう。

1dLより 小さい かさを あらわす たんいに，ミリリットルが あります。
ミリリットルは（mL）と 書き，（1000）mLは 1Lです。

2 mLを 書く れんしゅうを しましょう。

1mL 2mL 3mL 4mL

3 （ ）に あてはまる 数を 書きましょう。

① 1000mL入りの 水を，1Lの ますに うつして みると，1Lの ます ちょうど（1）ぱい分です。
② 1Lは，1mLを（1000）あつめた かさです。
③ 1L＝（1000）mL
④ 4L＝（4000）mL
⑤ 3000mL＝（3）L

4 （ ）に あてはまる，かさの たんいを 書きましょう。

① コップに 入った 水……3（dL）
② 目ぐすり……8（mL）
③ バケツに 入った 水……6（L）

51

解答

児童に実施させる前に，必ず指導される方が問題を解いてください。本書の解答は，あくまでも１つの例です。指導される方の作られた解答をもとに，本書の解答例を参考に児童の多様な考えに寄り添って○つけをお願いします。

P.52

6 水の　かさの　たんい
水の　かさの　たんい (5)

月　　日　なまえ

1 ペットボトルに　1L8dL，水とうに　1Lの　お茶《ちゃ》が　入っています。

① お茶は　あわせて　どれだけ　ありますか。

しき　1 L 8 dL ＋ 1 L ＝ 2 L 8 dL

答《こた》え　2L8dL

② 2つの　入れものに　入って　いる　お茶の　かさの　ちがいは　どれだけですか。

しき　1 L 8 dL － 1 L ＝ 8 dL

答え　8dL

2 計算《けいさん》を　しましょう。

① 3L ＋ 1L2dL　4L2dL
② 5L4dL － 2L　3L4dL
③ 2L5dL ＋ 3dL　2L8dL
④ 4L7dL － 4dL　4L3dL
⑤ 2L3dL ＋ 4L5dL　6L8dL
⑥ 8L9dL － 5L7dL　3L2dL

52

6 ふりかえり・たしかめ (1)
水の　かさの　たんい

月　　日　なまえ

1 つぎの　水の　かさを，それぞれ　㋐，㋑の　あらわし方《かた》で　書《か》きましょう。

①

㋐ 14 dL
㋑ 1 L 4 dL

②

㋐ 1 L 6 dL
㋑ 16 dL

③
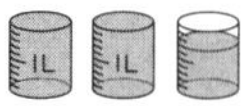
㋐ 2 L 7 dL
㋑ 27 dL

2 (　　) に　あてはまる　数を　書きましょう。

① 1Lは，1dLを (10) こ　あつめた　かさです。
② 6Lは，1Lの (6) つ分《ぶん》の　かさです。
③ 1Lは，1mLを (1000) こ　あつめた　かさです。

52

P.53

6 ふりかえり・たしかめ (2)
水の　かさの　たんい

月　　日　なまえ

1 (　　) に　あてはまる　数《かず》を　書《か》きましょう。

① 1L ＝ (10) dL　② 8L ＝ (80) dL
③ 1L ＝ (1000) mL　④ 5L ＝ (5000) mL
⑤ 1dL ＝ (100) mL　⑥ 3000mL ＝ (3) L

2 (　　) に　あてはまる，かさの　たんいを　書きましょう。

① ペットボトルに　入った　水 …………350 (mL)
② 水とうに　入った　水 ……………………8 (dL)
③ おふろの　よくそうに　入った　水 …250 (L)

3 計算《けいさん》を　しましょう。

① 5L2dL ＋ 3L　8L2dL
② 7L5dL － 4L　3L5dL
③ 1L3dL ＋ 2dL　1L5dL
④ 4L8dL － 5dL　4L3dL

53

6 ふりかえり・たしかめ (3)
水の　かさの　たんい

月　　日　なまえ

● つぎの　入れものに　入る　水の　かさを　しらべました。

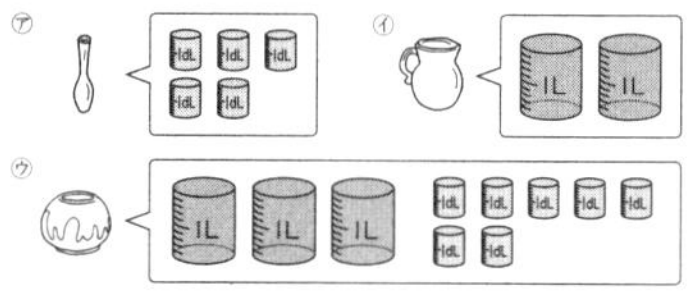

① ㋑と　㋒の　入れものに　入る　水の　かさを　あわせると　何L何dLですか。

しき　2L＋3L7dL＝5L7dL

答《こた》え　5L7dL

② ㋐と　㋒の　入れものに　入る　水の　かさの　ちがいは　何L何dLですか。

しき　3L7dL－5dL＝3L2dL

答え　3L2dL

③ ㋑と　㋒の　入れものに　入る　水の　かさの　ちがいは　何L何dLですか。

しき　3L7dL－2L＝1L7dL

答え　1L7dL

53

P.54

6 まとめのテスト
水の　かさの　たんい

月　　日　なまえ

【知識・技能】

1 つぎの　水の　かさは　どれだけですか。(5×2)

① (1) L (2) dL
② (3) L

2 つぎの　水の　かさを，それぞれ　㋐，㋑の　あらわし方《かた》で書《か》きましょう。(5×4)

① ㋐ 1 L 3 dL　㋑ 13 dL
② ㋐ 2 L 4 dL　㋑ 24 dL

3 (　　) に　あてはまる　数《かず》を　書きましょう。(4×2)

① 1L ＝ (10) dL
② 1L ＝ (1000) mL

4 (　　) に　あてはまる，かさの　たんいを　書きましょう。(4×3)

① スプーン　1ぱいの　水　5 (mL)
② 紙《かみ》パックに　入った　牛にゅう　1 (L)
③ マグカップに　入った　水　3 (dL)

54

【思考・判断・表現】

5 ジュースが　びんに　1L5dL，紙パックに　3dL　入って　います。

1L5dL　3dL

① ジュースは　あわせて　どれだけ　ありますか。(5×2)

しき　1L5dL+3dL=1L8dL

答《こた》え　1L8dL

② 2つの　入れものに　入って　いる　ジュースの　かさの　ちがいは　どれだけですか。(5×2)

しき　1L5dL−3dL=1L2dL

答え　1L2dL

6 やかんに　麦茶《むぎちゃ》が　2L3dL　入って　います。　1L　のむと，やかんに　のこって　いる　麦茶は　何L何dLに　なりますか。また，それは　何dLですか。(5×3)

しき　2L3dL−1L=1L3dL

答え　1 L 3 dL，13 dL

7 水そうに　水が　7L6dL　入って　います。バケツで　水を　2L　入れました。水そうの　水は　何L何dLに　なりましたか。　また，それは　何dLですか。(5×3)

しき　7L6dL+2L=9L6dL

答え　9 L 6 dL，96 dL

P.55

7 時こくと　時間
時こくと　時間 (1)

月　　日　なまえ

● 下の　絵《え》を　見て　答《こた》えましょう。

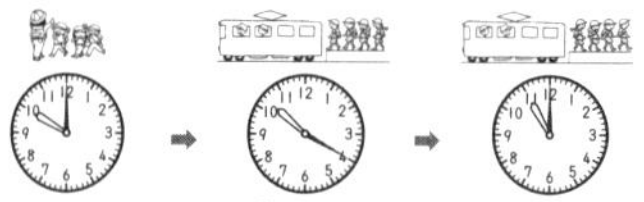

① 上の　絵の　それぞれの　時《じ》こくを　書きましょう。

㋐ (10時)　㋑ (10時20分)　㋒ (11時)

② えきに　ついてから，電車に　のるまでに　かかった　時間《じかん》は　何分《なんぷん》ですか。

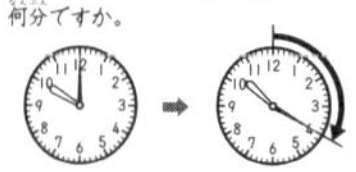

(20) 分

③ えきに　ついてから，電車を　おりるまでに　かかった　時間は　何分ですか。また，それは　何時間ですか。

(60) 分
(1) 時間

55

7 時こくと　時間
時こくと　時間 (2)

月　　日　なまえ

● ㋐と　㋑の　時《じ》こくを　書《か》きましょう。また，㋐から　㋑までの　時間《じかん》は　どれだけですか。

①
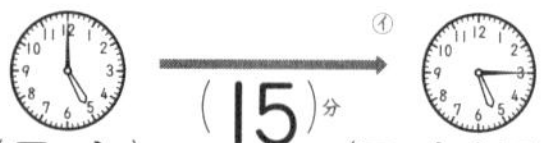
㋐ (5時)　(15) 分　㋑ (5時15分)

②
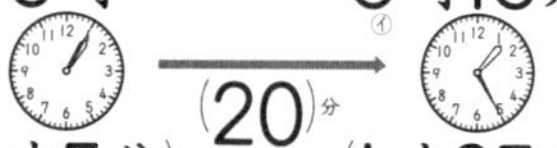
㋐ (1時5分)　(20) 分　㋑ (1時25分)

③
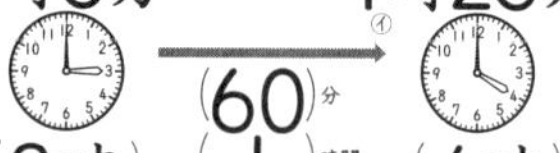
㋐ (3時)　(60) 分　(1) 時間　㋑ (4時)

④
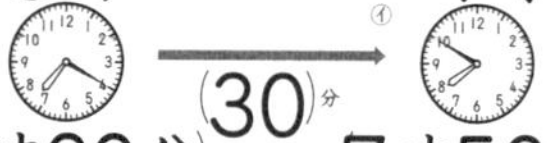
㋐ (7時20分)　(30) 分　㋑ (7時50分)

55

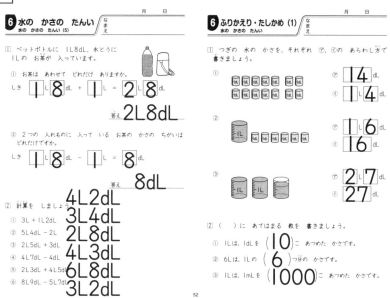

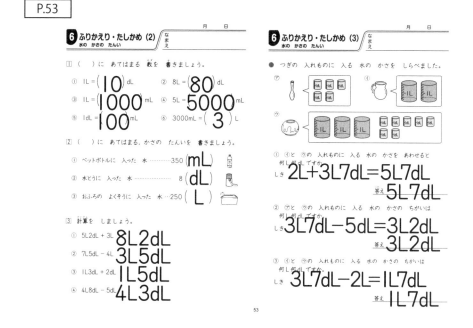

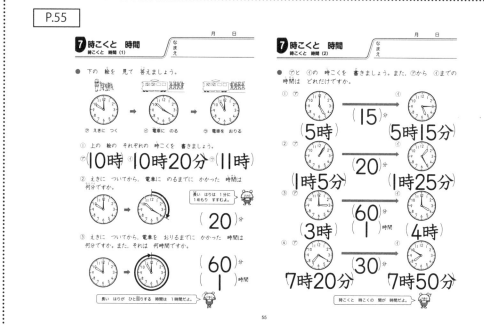

P.56

月　日

7 時こくと　時間
時こくと　時間 (3)

なまえ

1 今《いま》の　時《じ》こくは　3時30分《ぷん》です。
つぎの　時こくを　書《か》きましょう。

① 1時間後《じかんあと》 （ 4時30分 ）　② 1時間前《まえ》 （ 2時30分 ）
③ 10分前 （ 3時20分 ）　④ 10分後 （ 3時40分 ）
⑤ 20分前 （ 3時10分 ）　⑥ 30分後 （ 4時 ）

2 （　）に　あてはまる　数《かず》を　書きましょう。

① 1時間10分＝（70）分
② 1時間30分＝（90）分
③ 80分＝（ 1 ）時間（20）分
④ 95分＝（ 1 ）時間（35）分
⑤ 100分＝（ 1 ）時間（40）分

56

月　日

7 時こくと　時間
時こくと　時間 (4)

なまえ

● つぎの　時《じ》こくを　書《か》きましょう。

① 1時間前《まえ》　今《いま》　1時間後《じかんあと》

（7時20分）（8時20分）（9時20分）

トライ ② 42分前《まえ》　今　42分後

（4時18分）（ 5時 ）（5時42分）

トライ ③ 35分前《まえ》　今　35分後

（10時25分）（ 11時 ）（11時35分）

P.57

月　日

7 時こくと　時間
時こくと　時間 (5)

なまえ

● 下の　絵《え》は，ある日の　ゆうきさんの　1日の　ようすです。

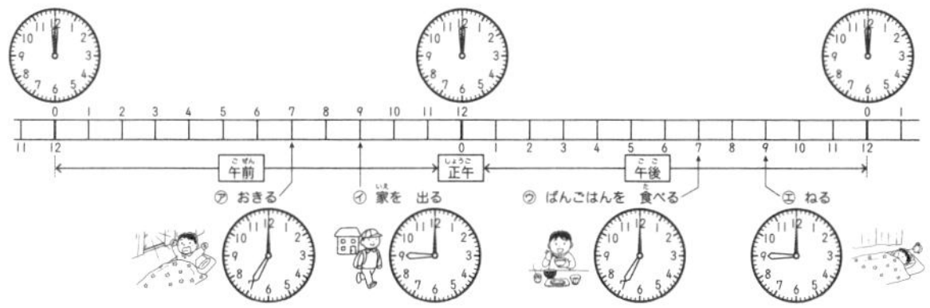

① 上の　絵の　㋐，㋑，㋒，㋓の　時こくを，午前，午後を　つかって　書《か》きましょう。
㋐（午前7時）　㋑（午前9時）
㋒（午後7時）　㋓（午後9時）

② 午前，午後は，それぞれ　何時間《なんじかん》ですか。 （ 12 ）時間

③ 1日は　何時間ですか。 （ 24 ）時間

④ みじかい　はりは，1日に　何回《なんかい》　回《まわ》りますか。 （ 2 ）回

⑤ 家を　出てから　ばんごはんを　食べるまでの　時間は　何時間ですか。

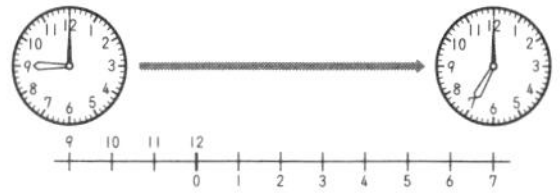

（ 10 ）時間

⑥ ゆうきさんが　おきて　いた　時間は　何時間ですか。 （ 14 ）時間

57

P.58

月　日

7 時こくと　時間
時こくと　時間 (6)

なまえ

● こうたさんは　どうぶつ園《えん》へ　行《い》きました。下の　絵《え》を　見て　答《こた》えましょう。

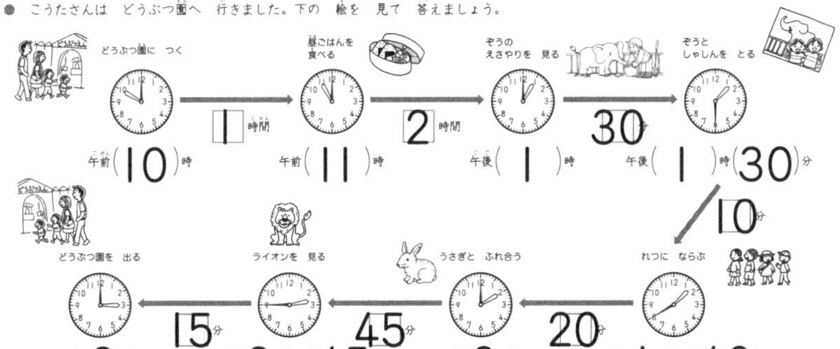

午前（ 10 ）時 → 1 時間《じかん》 → 午前（ 11 ）時 → 2 時間 → 午後（ 1 ）時 → 30分 → 午後（ 1 ）時（30）分 → 10分 → 午後（ 1 ）時（40）分 → 20分 → 午後（ 2 ）時 → 45分 → 午後（ 2 ）時（45）分 → 15分 → 午後（ 3 ）時

① 時計《とけい》の　時こくを（　）に，かかった時間を □に　書きましょう。

② どうぶつ園に　いた　時間は　何時間《なんじかん》ですか。 （ 5 ）時間

③ （　）に「時間」か「時こく」の　どちらか　正しい　ほうを　書きましょう。
昼ごはんを　食べはじめた（時こく）は，11時です。
食べはじめてから，ぞうの　えさやりを　見るまでに
かかった（時間）は，2時間でした。

58

P.59

月　日

7 ふりかえり・たしかめ (1)
時こくと　時間

なまえ

1 ㋐から　㋑までの　時間《じかん》は　どれだけですか。

① ㋐ → ㋑

（20）分

② ㋐ → ㋑

（15）分

2 今《いま》の　時こくは　5時40分《ぷん》です。
つぎの　時こくを　書《か》きましょう。

① 1時間後《あと》の　時こく （6時40分）
② 1時間前《まえ》の　時こく （4時40分）
③ 40分前の　時こく （ 5時 ）
④ 15分後の　時こく （5時55分）

月　日

7 ふりかえり・たしかめ (2)
時こくと　時間

なまえ

1 （　）に　あてはまる　数《かず》を　書《か》きましょう。

① 長《なが》い　はりが　1めもり　すすむ　時間《じかん》は （ 1 ）分
② 1時間＝（60）分
③ 1時間20分《ぷん》＝（80）分
④ 90分＝（ 1 ）時間（30）分
⑤ 午前《ごぜん》，午後《ごご》は，それぞれ（ 12 ）時間
⑥ 1日＝（24）時間
⑦ みじかい　はりは，1日に （ 2 ）回《かい》　回《まわ》る。

2 つぎの　時こくを　午前，午後を　つかって　書きましょう。

① 朝《あさ》　② 夜《よる》

午前7時45分　午後8時20分

3 午前11時から　午後2時まで　友《とも》だちの　家《いえ》で　あそびました。
友だちの　家に　いた　時間は　何時間《なんじかん》ですか。

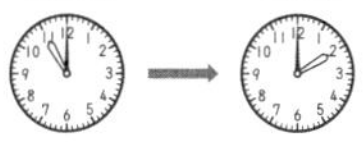

（3時間）

59

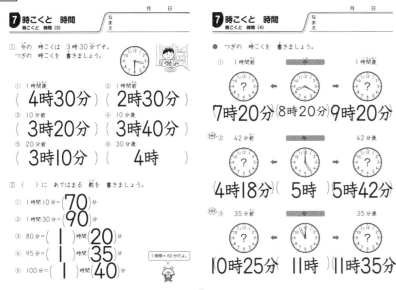

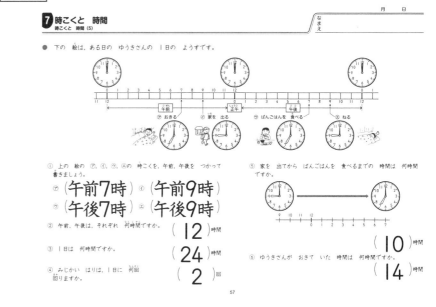

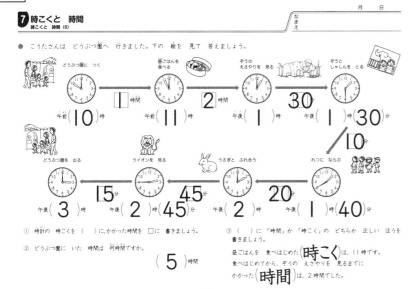

解答

児童に実施させる前に，必ず指導される方が問題を解いてください。本書の解答は，あくまでも１つの例です。指導される方の作られた解答をもとに，本書の解答例を参考に児童の多様な考えに寄り添って○つけをお願いします。

P.60

7 まとめのテスト
時こくと 時間

月　日　なまえ

【知識・技能】

1 ㋐から ㋑までの 時間は どれだけ ですか。(5×3)

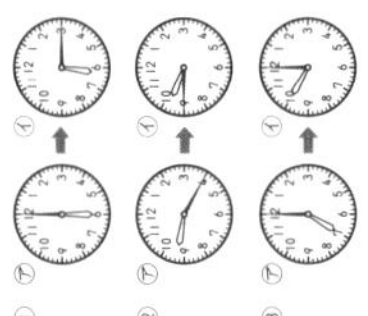

① (15) 分《ふん》
② (25) 分
③ (3) 時間

2 時計《とけい》を 見て，つぎの 時こくを 書《か》きましょう。(5×4)

① 30分後《あと》　(7時40分)
② 20分前《まえ》　(10時10分)
③ 1時間前　(3時40分)
④ 1時間後　(3時20分)

3 (　)に あてはまる 数《かず》を 書きましょう。(5×3)

① 1時間40分＝(100)分
② 70分＝(1)時間(10)分
③ 1日＝(24)時間

【思考・判断・表現】

4 かずきさんは 水ぞくかんへ 行《い》きました。下の 絵《え》を 見て 答《こた》えましょう。

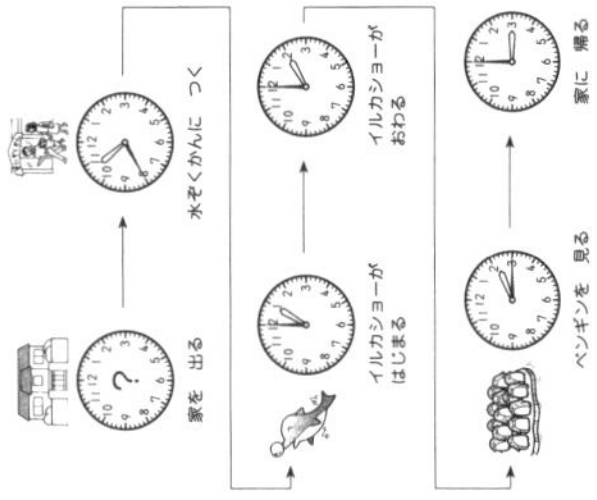

① 家を 出てから 水ぞくかんに つくまで 40分 かかりました。家を 出た 時こくは 何時《なんじ》ですか。午前《ごぜん》か 午後《ごご》を つかって 書きましょう。(10)
(午前10時)

② イルカショーが はじまってから おわるまでの 時間は 何時間ですか。また，それは 何分ですか。(10×2)
(1)時間
(60)分

③ ペンギンを 見た 時こくを，午前か 午後を つかって 書きましょう。(10)
(午後2時15分)

④ 家を 出てから 家に 帰るまでの 時間は 何時間ですか。(10)
(5)時間

60

P.61

8 計算の くふう
たし算の きまり (1)

月　日　なまえ

1 りんごの あめが 6こ あります。今日《きょう》，りんごの あめを 13こと みかんの あめを 7こ 買《か》いました。あめは ぜんぶで 何《なん》こに なりましたか。□に あてはまる 数《かず》を 書《か》きましょう。

㋐ りんごの あめの 数を 先に 計算《けいさん》する。

(6＋13)＋7＝19＋7
＝26

㋑ 今日 買った あめの 数を 先に 計算する。

6＋(13＋7)＝6＋20
＝26

たす じゅんじょを かえても，答えは 同じに なるね。

答《こた》え 26こ

2 計算《けいさん》を しましょう。

① 21＋(2＋8)　31
② 18＋(15＋5)　38
③ 9＋(3＋17)　29

( )は ひとまとまりの 数を あらわし，先に 計算するよ。

61

8 計算の くふう
たし算の きまり (2)

月　日　なまえ

1 公園《こうえん》で，1年生が 18人，2年生が 20人 あそんで います。そこへ 2年生が 30人 来《き》ました。公園には，みんなで 何人《なんにん》いますか。(　)《かっこ》を つかって，㋐，㋑ それぞれに 合《あ》う しきを 書《か》いて，答《こた》えを もとめましょう。

㋐ はじめに 公園に いた 人数《にんずう》を 先に 計算《けいさん》する。

しき (18＋20)＋30＝68

㋑ 先に 2年生の 人数を 計算する。

しき 18＋(20＋30)＝68

答え 68人

2 たしざんの じゅんじょを かえたり，(　)を つかって，くふうして 計算しましょう。

① (例) 8＋(11＋9)＝28
② (例) 7＋(24＋6)＝37
③ 33＋19＋7
(例) (33＋7)＋19＝59

P.62

8 計算の くふう
たし算と ひき算

月　日　なまえ

1 くふうして 計算《けいさん》します。□に あてはまる 数《かず》を 書《か》きましょう。

① 34＋8

㋐ 34＋8（30 4）
まず 4と 8を たして 12
つぎに 30と 12を たして 42

㋑ 34＋8（6 2）
まず 34と 6を たして 40
つぎに 40と 2を たして 42

② 51－5

㋐ 51－5（40 11）
まず 11から 5を ひいて 6
つぎに 40と 6を たして 46

㋑ 51－5（1 4）
まず 51から 1を ひいて 50
つぎに 50から 4を ひいて 46

2 くふうして 計算しましょう。

① 57＋4　61	② 49＋6　55	③ 35＋5　40
④ 8＋28　36	⑤ 3＋17　20	⑥ 6＋66　72
⑦ 42－6　36	⑧ 71－9　62	⑨ 25－8　17
⑩ 30－3　27	⑪ 83－5　78	⑫ 54－7　47

62

8 ふりかえり・たしかめ
計算の くふう

月　日　なまえ

1 ことなさんは，15円の ラムネと 50円の えんぴつを 買《か》いました。弟《おとうと》は，30円の けしゴムを 買いました。2人 あわせて いくら つかったかを 考《かんが》えます。つぎの ㋐，㋑に 合《あ》うように，しきに (　)《かっこ》を 書《か》いて，答《こた》えを もとめましょう。

㋐ ことなさんが 買った 分《ぶん》を 先に 計算《けいさん》する。

しき (15＋50)＋30 ＝65＋30
＝95

㋑ 文ぼうぐの だい金を 先…

しき 15＋(50＋30) ＝15＋80
＝95

答え 95円

2 くふう…しましょう。

① 5＋… (例) 5＋(24＋6)＝35
② 9＋… (例) 9＋(55＋5)＝69
③ 23＋38＋2 (例) 23＋(38＋2)＝63
④ 19＋… (例) (19＋1)＋28＝48
⑤ 68＋4　72
⑥ 43－9　34

P.63

8 まとめのテスト
計算の くふう

月　日　なまえ

【知識・技能】

1 赤色《あかいろ》の ペンが 26本，青色の ペンが 13本，黄色《きいろ》の ペンが 7本 あります。ペンは，ぜんぶで 何本《なんぼん》 ありますか。□に あてはまる数《かず》を 書《か》きましょう。(5×3)

① 赤色の ペンと 青色の ペンの 数を 先に 計算《けいさん》します。

(26＋13)＋7＝46

② 青色の ペンと 黄色の ペンの 数を 先に 計算します。

26＋(13＋7)＝46

③ 答《こた》え 46 本

2 (　)《かっこ》の 中を 先に 計算して，答えを出しましょう。(5×2)

① 15＋(8＋12)　35
② 48＋(24＋6)　78

3 数を よく 見て，くふうして 計算しましょう。(5×5)

① 4＋17＋… 4＋(17＋3)＝24
(例) (14＋6)＋7＝27
③ 37＋8　45
④ 9＋62　71
⑤ 84－7　77

【思考・判断・表現】

4 うさぎの シールを 14まい，コアラの シールを 5まい もって います。お姉《ねえ》さんから コアラの シールを 15まい もらいました。シールは ぜんぶで 何まいに なりましたか。(　)を つかって，㋐，㋑の 2とおりのしきを書いて，答えを もとめましょう。

㋐ はじめに もって いた シールの まい数《すう》を 先に 計算する。(しき10，答え5)

しき (例) (14＋5)＋15＝34

答《こた》え 34まい

㋑ コアラの シールの まい数を 先に 計算する。(しき10，答え5)

14＋(5＋15)＝34

答え 34まい

5 くりひろいを しました。しょうたさんは 19こ，お兄《にい》さんは 22こ，妹《いもうと》は 8こ ひろいました。くりは ぜんぶで 何こ ありますか。ゆみさんの 考《かんが》えに 合《あ》う ように，(　)を つかった 1つの …あらわして，答えを もとめましょう。(10×2)

ゆみ：お兄さんと 妹が ひろった くりの こ数を 先に 計算するよ。

19＋(22＋8)＝49

答え 49こ

63

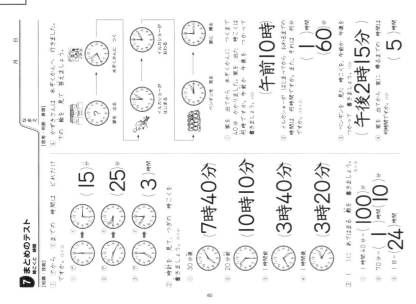

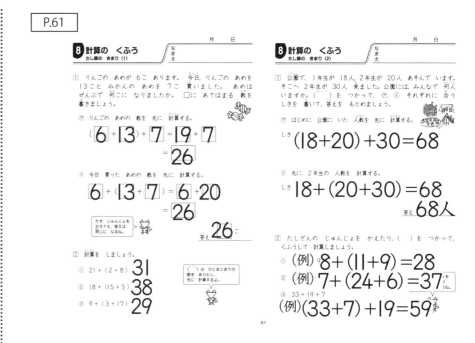

P.64

9 たし算と ひき算の ひっ算
たし算の ひっ算 (1)

月　日　なまえ

くり上がり１回

● ミニトマトが きのう 52こ とれました。今日《きょう》は，64こ とれました。 ミニトマトは，あわせて 何《なん》こ とれましたか。

きのう とれた (52)こ　今日 とれた (64)こ
あわせて □こ

① 上の 図《ず》の（　）に，数《かず》を 書《か》きましょう。

② しきを 書きましょう。 52 + 64

③ ②の 計算を ひっ算で しましょう。

百のくらいに １ くり上げるよ。

	十のくらいの	一のくらいの
	5	2
+	6	4

くらいを たてに そろえて 書く。

→

	5	2
+	6	4
		6

一のくらいの 計算　2 + 4 = 6

→

	5	2
+	6	4
1	1	6

十のくらいの 計算　5 + 6 = 11

④ 答《こた》えを 書きましょう。

52 + 64 = 116

	5	2
+	6	4
1	1	6

答《こた》え 116こ

64

9 たし算と ひき算の ひっ算
たし算の ひっ算 (2)

月　日　なまえ

くり上がり１回

① 53 + 94　147
② 65 + 72　137
③ 31 + 84　115
④ 60 + 93　153
⑤ 80 + 81　161
⑥ 70 + 75　145
⑦ 46 + 62　108
⑧ 27 + 82　109
⑨ 73 + 33　106
⑩ 50 + 54　104
⑪ 40 + 62　102
⑫ 90 + 17　107

P.65

9 たし算と ひき算の ひっ算
たし算の ひっ算 (3)

月　日　なまえ

くり上がり２回

1 85 + 79を ひっ算《さん》で します。□に あてはまる 数《かず》を 書《か》きましょう。

	十のくらい	一のくらい
	8	5
+	7	9

→

	①	
	8	5
+	7	9
		4

→

	①	
	8	5
+	7	9
1	6	4

一のくらいの 計算《けいさん》　5 + 9 = 14

十のくらいに 1 くり上げる。

十のくらいの 計算　くり上げた 1 と 8で 9　9 + 7 = 16

85 + 79 = 164

2 ひっ算で しましょう。

① 67 + 74　141
② 48 + 96　144
③ 56 + 69　125
④ 74 + 88　162
⑤ 59 + 95　154
⑥ 45 + 77　122
⑦ 68 + 85　153
⑧ 86 + 97　183

65

9 たし算と ひき算の ひっ算
たし算の ひっ算 (4)

月　日　なまえ

くり上がり２回

① 63 + 57　120
② 92 + 88　180
③ 49 + 81　130
④ 76 + 25　101
⑤ 44 + 58　102
⑥ 67 + 37　104
⑦ 54 + 46　100
⑧ 28 + 72　100
⑨ 96 + 4　100
⑩ 98 + 9　107
⑪ 6 + 97　103
⑫ 8 + 98　106

P.66

9 たし算と ひき算の ひっ算
たし算の ひっ算 (5)

月　日　なまえ

くり上がり２回

1 ひっ算《さん》で しましょう。

① 39 + 87　126
② 3 + 97　100
③ 48 + 52　100
④ 65 + 85　150
⑤ 73 + 99　172
⑥ 89 + 17　106
⑦ 95 + 8　103
⑧ 74 + 66　140
⑨ 36 + 64　100
⑩ 75 + 27　102
⑪ 88 + 58　146
⑫ 6 + 98　104

トライ 2 □に 数字《すうじ》を 入れ，正しい ひっ算を つくりましょう。

① 5[3] + 49 = 102
② 6[8] + [3]7 = [1]05
③ 47 + [5]6 = [1]0[3]
④ 9 + [9]2 = 101

66

9 たし算と ひき算の ひっ算
たし算の ひっ算 (6)

月　日　なまえ

くり上がり２回

① 32 + 78　110
② 7 + 99　106
③ 57 + 74　131
④ 44 + 86　130
⑤ 28 + 76　104
⑥ 25 + 75　100
⑦ 68 + 95　163
⑧ 98 + 2　100
⑨ 59 + 49　108
⑩ 83 + 17　100
⑪ 35 + 68　103
⑫ 89 + 38　127
⑬ 97 + 8　105
⑭ 87 + 73　160
⑮ 24 + 98　122

P.67

9 たし算と ひき算の ひっ算
たし算の ひっ算 (7)

月　日　なまえ

くり上がり１回・２回

① 52 + 95　147
② 40 + 79　119
③ 57 + 85　142
④ 3 + 99　102
⑤ 44 + 96　140
⑥ 51 + 54　105
⑦ 82 + 78　160
⑧ 43 + 83　126
⑨ 95 + 9　104
⑩ 69 + 55　124
⑪ 77 + 26　103
⑫ 80 + 21　101
⑬ 76 + 99　175
⑭ 64 + 71　135
⑮ 37 + 63　100

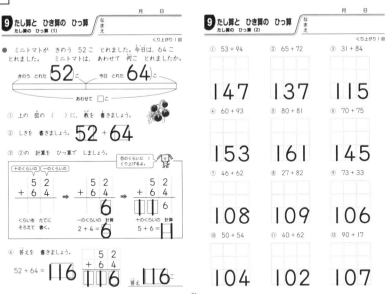

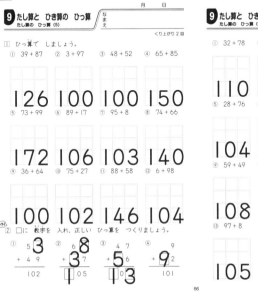

9 たし算と ひき算の ひっ算
れんしゅう (1)

月　日　なまえ

1 ひっ算《さん》で しましょう。

① 90 + 67　157
② 86 + 15　101
③ 32 + 94　126
④ 87 + 47　134
⑤ 75 + 95　170
⑥ 95 + 12　107
⑦ 99 + 6　105
⑧ 82 + 76　158
⑨ 30 + 79　109
⑩ 89 + 11　100
⑪ 61 + 54　115
⑫ 4 + 99　103

2 おはじきが 96こ あります。お姉《ねえ》さんから 36こ もらいました。 おはじきは ぜんぶで 何《なん》こに なりましたか。

しき 96 + 36 = 132

答《こた》え 132こ

67

解答

児童に実施させる前に，必ず指導される方が問題を解いてください。本書の解答は，あくまでも１つの例です。指導される方の作られた解答をもとに，本書の解答例を参考に児童の多様な考えに寄り添って◯つけをお願いします。

P.68

9 たし算と ひき算の ひっ算
れんしゅう (2)
月　日　なまえ

1 ひっ算で しましょう。

① 35 + 78　113
② 98 + 7　105
③ 75 + 54　129
④ 50 + 88　138
⑤ 60 + 46　106
⑥ 62 + 39　101
⑦ 92 + 8　100
⑧ 36 + 72　108
⑨ 9 + 99　108
⑩ 59 + 61　120
⑪ 57 + 43　100
⑫ 81 + 97　178

2 68円の ジュースを １本と 35円のチョコレートを １こ 買います。だい金は いくらに なりますか。

しき　68+35=103
答《こた》え　103円

9 たし算と ひき算の ひっ算
れんしゅう (3)
月　日　なまえ

1 ひっ算で しましょう。

① 68 + 32　100
② 48 + 55　103
③ 67 + 83　150
④ 44 + 73　117
⑤ 70 + 33　103
⑥ 5 + 97　102
⑦ 93 + 8　101
⑧ 63 + 65　128
⑨ 43 + 66　109
⑩ 93 + 68　161
⑪ 85 + 51　136
⑫ 30 + 92　122

2 下の しきの □に あてはまる 数は どれですか。
㋐～㋔から すべて えらびましょう。

46 + □ ＞ 100　（㋓，㋔）

㋐ 44　㋑ 49　㋒ 53　㋓ 55　㋔ 62

P.69

9 たし算と ひき算の ひっ算
ひき算の ひっ算 (1)
月　日　なまえ

くり下がり１回

● ミニトマトが 116こ とれました。35こ 食べると，のこりは 何《なん》こですか。

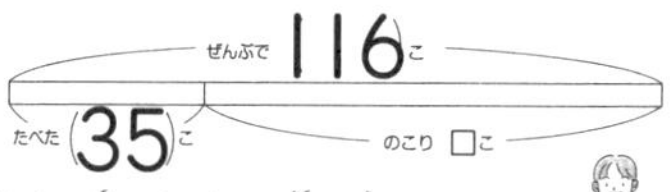

① 上の 図の （　）に，数を 書きましょう。

② しきを 書きましょう。　116 − 35

③ ②の 計算を ひっ算で しましょう。

（百のくらい）（十のくらい）（一のくらい）

$$\begin{array}{r} 116 \\ -\ \ 35 \\ \hline \end{array} \Rightarrow \begin{array}{r} 116 \\ -\ \ 35 \\ \hline 1 \end{array} \Rightarrow \begin{array}{r} 116 \\ -\ \ 35 \\ \hline 81 \end{array}$$

くらいを たてに そろえて 書く。

一のくらいの 計算
6 − 5 = 1

十のくらいの 計算
百のくらいから 1 くり下げる
11 − 3 = 8

④ 答《こた》えを 書きましょう。

116 − 35 = 81

$$\begin{array}{r} 116 \\ -\ \ 35 \\ \hline 81 \end{array}$$

答《こた》え　81こ

9 たし算と ひき算の ひっ算
ひき算の ひっ算 (2)
月　日　なまえ

くり下がり１回

① 148 − 52　96
② 165 − 91　74
③ 126 − 74　52
④ 134 − 80　54
⑤ 152 − 60　92
⑥ 113 − 43　70
⑦ 177 − 97　80
⑧ 103 − 42　61
⑨ 106 − 53　53
⑩ 109 − 35　74
⑪ 104 − 14　90
⑫ 108 − 68　40

P.70

9 たし算と ひき算の ひっ算
ひき算の ひっ算 (3)
月　日　なまえ

くり下がり２回

1 153 − 78を ひっ算で します。□に あてはまる 数を 書きましょう。

$$\begin{array}{r} 153 \\ -\ \ 78 \\ \hline 5 \end{array} \longrightarrow \begin{array}{r} 153 \\ -\ \ 78 \\ \hline 75 \end{array}$$

一のくらいの 計算
十のくらいから 1 くり下げる
13 − 8 = 5

十のくらいの 計算
1 くり下げたので 十のくらいは 4
百のくらいから 1 くり下げる
14 − 7 = 7

153 − 78 = 75

2 ひっ算で しましょう。

① 115 − 89　26
② 172 − 95　77
③ 121 − 43　78
④ 154 − 78　76
⑤ 130 − 38　92
⑥ 140 − 67　73
⑦ 110 − 54　56
⑧ 170 − 86　84

9 たし算と ひき算の ひっ算
ひき算の ひっ算 (4)
月　日　なまえ

くり下がり２回

① 127 − 59　68
② 162 − 98　64
③ 120 − 51　69
④ 141 − 62　79
⑤ 112 − 37　75
⑥ 138 − 79　59
⑦ 150 − 74　76
⑧ 153 − 66　87
⑨ 174 − 95　79
⑩ 146 − 89　57
⑪ 125 − 48　77
⑫ 110 − 82　28

P.71

9 たし算と ひき算の ひっ算
ひき算の ひっ算 (5)
月　日　なまえ

くり下がり２回

① 104 − 57

$$\begin{array}{r} 104 \\ -\ \ 57 \\ \hline 47 \end{array}$$

はじめに，百のくらいから
十のくらいに 1 くり下げて，
つぎに，十のくらいから
一のくらいに 1 くり下げるよ。

② 103 − 28　75
③ 106 − 59　47
④ 105 − 78　27
⑤ 101 − 42　59
⑥ 107 − 88　19
⑦ 102 − 34　68
⑧ 108 − 19　89
⑨ 105 − 96　9
⑩ 103 − 67　36

9 たし算と ひき算の ひっ算
ひき算の ひっ算 (6)
月　日　なまえ

くり下がり２回

① 106 − 38　68
② 101 − 99　2
③ 104 − 55　49
④ 100 − 43　57
⑤ 100 − 96　4
⑥ 100 − 25　75
⑦ 102 − 8　94
⑧ 107 − 9　98
⑨ 103 − 6　97
⑩ 100 − 2　98
⑪ 100　7　93
⑫ 100 − 5　95

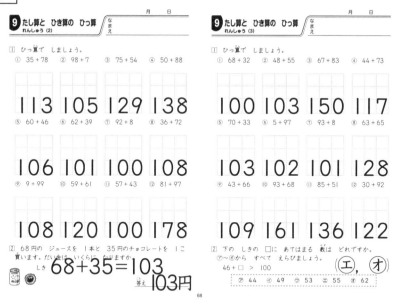

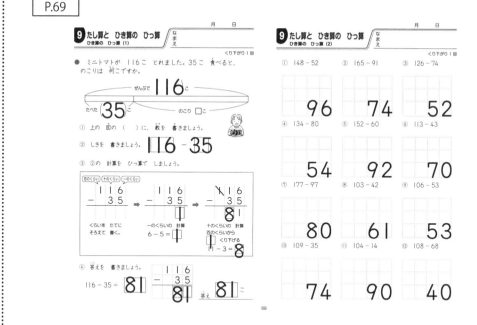

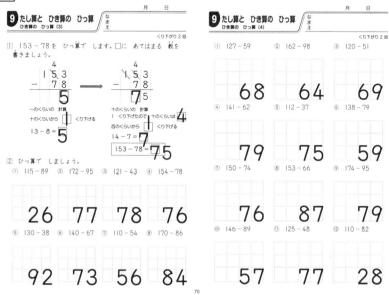

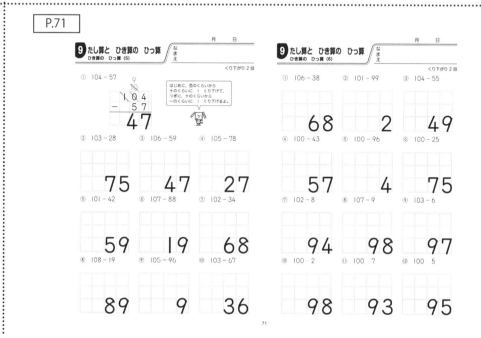

P.72

9 たし算と ひき算の ひっ算
ひき算の ひっ算 (7)

月　日　なまえ

くり下がり２回

1 つぎの ひっ算《さん》の まちがいを 見つけて，正しく 計算《けいさん》しましょう。

①

102		102
− 35		− 35
77		67

②

100		100
− 42		− 42
68		58

(例) □に 数字《すうじ》を 入れて，しきを つくりましょう。

10[5] − 9[9] ＝ 6

答えは いくつも あるね。

3 □に 数字を 入れ，正しい ひっ算を つくりましょう。

① 1[0]0 − 9[7] ＝ 3

② [1]05 − 6 ＝ 9[9]

③ 10[1] − [4]6 ＝ 55

4 どんぐりが 104こ あります。15こ つかいました。どんぐりは，何こ のこって いますか。

しき 104−15=89

答え 89こ

72

9 たし算と ひき算の ひっ算
ひき算の ひっ算 (8)

月　日　なまえ

くり下がり２回

① 132 − 67	② 100 − 8	③ 102 − 39	④ 100 − 63
65	92	63	37
⑤ 101 − 7	⑥ 120 − 62	⑦ 177 − 99	⑧ 100 − 1
94	58	78	99
⑨ 104 − 25	⑩ 140 − 95	⑪ 150 − 55	⑫ 106 − 9
79	45	95	97
⑬ 113 − 25	⑭ 100 − 34	⑮ 108 − 59	
88	66	49	

P.73

9 たし算と ひき算の ひっ算
ひき算の ひっ算 (9)

月　日　なまえ

くり下がり１回・２回

① 125 − 42	② 112 − 33	③ 103 − 87	④ 165 − 95
83	79	16	70
⑤ 100 − 3	⑥ 143 − 70	⑦ 120 − 32	⑧ 102 − 11
97	73	88	91
⑨ 107 − 43	⑩ 106 − 68	⑪ 112 − 71	⑫ 184 − 97
64	38	41	87
⑬ 102 − 3	⑭ 104 − 74	⑮ 100 − 51	
99	30	49	

73

9 たし算と ひき算の ひっ算
ひき算の ひっ算 (10)

月　日　なまえ

くり下がり１回・２回

1 ひっ算で しましょう。

① 139 − 80	② 110 − 61	③ 108 − 91	④ 100 − 75
59	49	17	25
⑤ 164 − 92	⑥ 158 − 73	⑦ 105 − 17	⑧ 104 − 9
72	85	88	95
⑨ 109 − 99	⑩ 155 − 78	⑪ 100 − 6	⑫ 173 − 83
10	77	94	90

2 ぜんぶで 143ページの 本が あります。52ページ 読むと，のこりは 何ページに なりますか。

しき 143−52=91

91ページ

P.74

9 たし算と ひき算の ひっ算
ひき算の ひっ算 (11)

月　日　なまえ

くり下がり１回・２回

1 ひっ算で しましょう。

① 102 − 82	② 100 − 4	③ 124 − 34	④ 100 − 22
20	96	90	78
⑤ 107 − 8	⑥ 134 − 63	⑦ 150 − 84	⑧ 132 − 92
99	71	66	40
⑨ 125 − 40	⑩ 142 − 85	⑪ 103 − 21	⑫ 101 − 13
85	57	82	88

2 ちゅう車場《しゃじょう》に 車が 105台《だい》 とまって いました。15台《だい》 出て いきました。ちゅう車場の 車は 何台《なんだい》に なりましたか。

しき 105−15=90

答《こた》え 90台

74

9 たし算と ひき算の ひっ算
ひき算の ひっ算 (12)

月　日　なまえ

くり下がり１回・２回

1 ひっ算で しましょう。

① 104 − 39	② 107 − 67	③ 154 − 60	④ 161 − 92
65	40	94	69
⑤ 159 − 89	⑥ 100 − 46	⑦ 106 − 33	⑧ 102 − 4
70	54	73	98
⑨ 160 − 73	⑩ 149 − 57	⑪ 100 − 9	⑫ 127 − 30
87	92	91	97

2 トマトは … 72円で … でした。トマトは … から 高いですか。

しき 130−72=58

72−58=14

答《こた》え トマトが 14円 高い。

P.75

9 たし算と ひき算の ひっ算
大きい 数の ひっ算 (1)

月　日　なまえ

① 523 + 45	② 341 + 34	③ 21 + 267
568	375	288
④ 736 + 28	⑤ 47 + 415	⑥ 83 + 609
764	462	692
⑦ 503 + 37	⑧ 457 + 8	⑨ 5 + 269
540	465	274
⑩ 305 + 5	⑪ 9 + 802	⑫ 4 + 706
310	811	710

これまでと 同じように 一のくらいから じゅんに 計算しよう。

75

9 たし算と ひき算の ひっ算
大きい 数の ひっ算 (2)

月　日　なまえ

① 638 − 27	② 485 − 41	③ 726 − 24
611	444	702
④ 573 − 56	⑤ 965 − 36	⑥ 342 − 18
517	929	324
⑦ 855 − 46	⑧ 460 − 22	⑨ 684 − 7
809	438	677
⑩ 792 − 9	⑪ 314 − 6	⑫ 240 − 3
783	308	237

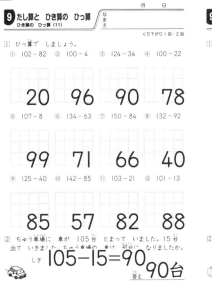

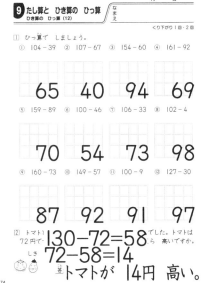

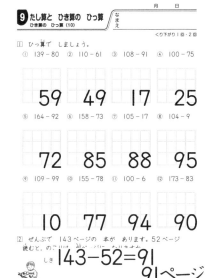

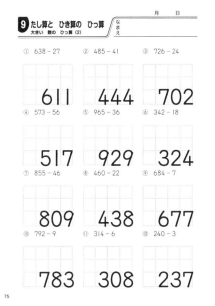

解答

児童に実施させる前に，必ず指導される方が問題を解いてください。本書の解答は，あくまでも１つの例です。指導される方の作られた解答をもとに，本書の解答例を参考に児童の多様な考えに寄り添って○つけをお願いします。

P.76

9 ふりかえり・たしかめ (1)
たし算と　ひき算の　ひっ算

月　日　なまえ

1 ひっ算《さん》で　しましょう。

① 62 + 84　146
② 37 + 98　135
③ 48 + 72　120
④ 96 + 8　104
⑤ 127 − 52　75
⑥ 140 − 67　73
⑦ 172 − 75　97
⑧ 105 − 86　19

2 なわとびを，きのうは 73 回《かい》，今日《きょう》は　88 回　とびました。
あわせて　何回《なんかい》　とびましたか。

しき　73 + 88 = 161

答《こた》え　161 回

3 くじが　100 本　あります。そのうち，あたりは　12 本です。
はずれは　何本ですか。

しき　100 − 12 = 88

答え　88 本

9 ふりかえり・たしかめ (2)
たし算と　ひき算の　ひっ算

月　日　なまえ

1 ひっ算《さん》で　しましょう。

① 46 + 61　107
② 75 + 79　154
③ 37 + 68　105
④ 4 + 99　103
⑤ 106 − 34　72
⑥ 152 − 86　66
⑦ 102 − 7　95
⑧ 100 − 52　48

2 さくらんぼが　おさらに　24 こ，はこに　80 こ　入って
います。　さくらんぼは，あわせて　何こ　ありますか。

しき　24 + 80 = 104

答え　104 こ

3 58 円の　クッキーと　25 円の　ガムを　買います。
100 円玉で　はらうと，おつりは　いくらですか。

しき　58 + 25 = 83
100 − 83 = 17

17 円

P.77

9 ふりかえり・たしかめ (3)
たし算と　ひき算の　ひっ算

月　日　なまえ

1 ひっ算《さん》で　しましょう。

① 511 + 46　557
② 239 + 17　256
③ 604 + 6　610
④ 774 − 53　721
⑤ 342 − 23　319
⑥ 414 − 8　406

2 523 円の　ふでばこと　69 円の　えんぴつを　買います。
だい金は　いくらに　なりますか。

しき　523 + 69 = 592

答え　592 円

3 つぎの　ひっ算が　正しければ　○を，まちがって　いれば
正しい　答えを，(　　) に　書きましょう。

①	②	③
64	104	140
+ 98	− 26	− 79
152	88	61
(162)	(78)	(○)

9 チャレンジ
たし算と　ひき算の　ひっ算

月　日　なまえ

● 3 つの　数《かず》の　たし算《さん》を，ひっ算で　しましょう。

① 23 + 14 + 32

	2	3
	1	4
+	3	2
	6	9

② 41 + 25 + 33　99
③ 54 + 29 + 13　96
④ 24 + 17 + 26　67
⑤ 45 + 16 + 11　72
⑥ 32 + 8 + 45　85
⑦ 62 + 15 + 7　84
⑧ 5 + 28 + 44　77

P.78

9 まとめのテスト
たし算と　ひき算の　ひっ算

月　日　なまえ

【知識・技能】

1 ひっ算《さん》で　しましょう。(4 × 10)

① 55 + 92　147
② 86 + 37　123
③ 65 + 75　140
④ 49 + 53　102
⑤ 94 + 7　101
⑥ 158 − 84　74
⑦ 107 − 65　42
⑧ 134 − 78　56
⑨ 103 − 35　68
⑩ 100 − 5　95

2 ひっ算で　しましょう。(5 × 2)

① 437 + 48　485
② 772 − 33　739

【思考・判断・表現】

3 クッキーが　かごに　64 まい，はこに
47 まい　入って　います。クッキーは，
あわせて　何《なん》まい　ありますか。(5 × 2)

しき　64 + 47 = 111

答え　111 まい

4 1 年生は　107 人，2 年生は　89 人です。
1 年生は，2 年生より　何人　多いですか。(5 × 2)

しき　107 − 89 = 18

答え　18 人

5 パンを　買いに　行きました。

① 83 円の　メロンパンと　77 円の　あんパンを
買うと，だい金は　いくらに　なりますか。(5 × 2)

しき　83 + 77 = 160

答え　160 円

② 150 円の　食パンと　77 円の　あんパンでは，
どちらが　いくら　高いですか。(5 × 2)

しき　150 − 77 = 73

答え　食パンが　73 円　高い。

③ かなさんは，175 円　もって　います。
83 円の　メロンパンを　買うと，のこりは
いくらですか。(5 × 2)

しき　175 − 83 = 92

答え　92 円

P.79

10 長方形と　正方形
三角形と　四角形 (1)

月　日　なまえ

1 (　　) に　あてはまる　ことばを　書きましょう。

① 3 本の　直線で　かこまれた　形を，
(三角形) と　いいます。

② 4 本の　直線で　かこまれた　形を，
(四角形) と　いいます。

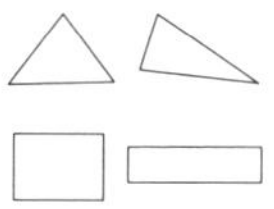

2 (　　) に　あてはまる　ことばや　数を　書きましょう。

① 三角形や　四角形で　直線の　ところを
(へん) と　いい，かどの　点を
(ちょう点) と　いいます。

(へん)　(ちょう点)

② 三角形には，へんが (3) つ，
ちょう点が (3) つ　あります。

③ 四角形には，へんが (4) つ，
ちょう点が (4) つ　あります。

10 長方形と　正方形
三角形と　四角形 (2)

月　日　なまえ

1 三角形と　四角形を　見つけて，記ごうを　書きましょう。

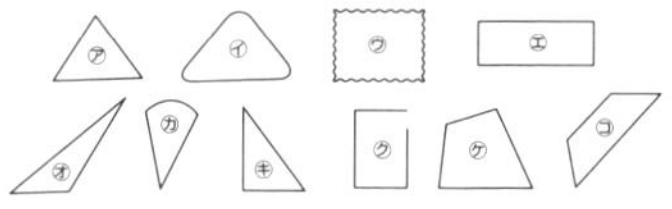

三角形 (ア) (オ) (キ)　四角形 (エ) (ケ) (コ)

2 1 本の直線が　3 つ　あります。それぞれに，2 本の　へんを
かきたして，三角形を　3 つ　かきましょう。

略

3 1 本の直線が　3 つ　あります。それぞれに，3 本の　へんを
かきたして，四角形を　3 つ　かきましょう。

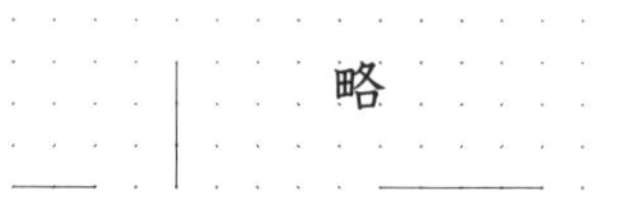

略

P.80

10 長方形と　正方形
長方形と　正方形 (1)
月　日　なまえ

1 下の　図から　直角を　すべて　見つけて，(　　)に　記ごうを　書きましょう。

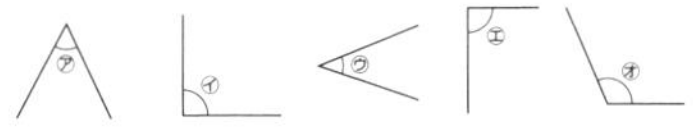

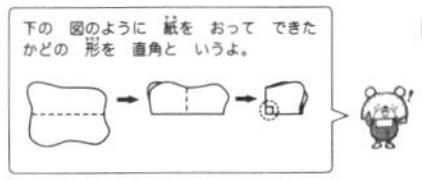

（イ，エ）

2 (　　)に　あてはまる　ことばを　書きましょう。

① 4つの　かどが，みんな　直角に　なって　いる　四角形を，(長方形)と　いいます。

② 長方形の　むかい合って　いる　へんの　長さは　(同じ)です。

③ 4つの　かどが　みんな　直角で，4つの　へんの　長さが　みんな　同じに　なって　いる　四角形を，(正方形)と　いいます。

80

10 長方形と　正方形
長方形と　正方形 (2)
月　日　なまえ

1 長方形は　どれと　どれですか。（　　）に　記ごうを　書きましょう。

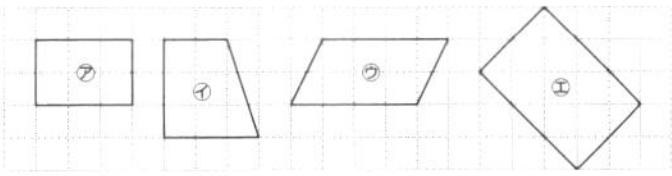

（ア，エ）

2 正方形は　どれと　どれですか。（　　）に　記ごうを　書きましょう。

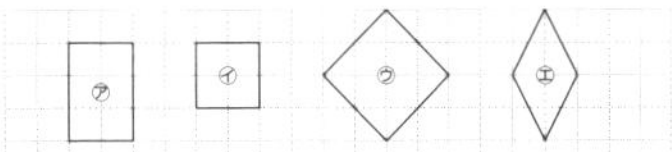

（イ，ウ）

3 右の　形は，長方形です。㋐，㋑の　へんの　長さは，それぞれ　何cmですか。

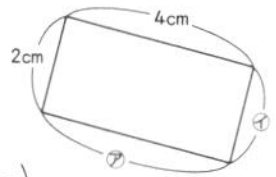

㋐ (4cm)　㋑ (2cm)

P.81

10 長方形と　正方形
長方形と　正方形 (3)
月　日　なまえ

1 直角の　かどが　ある　三角形を　何と　いいますか。

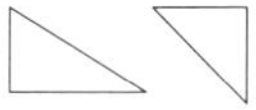

直角三角形

2 直角三角形は　どれと　どれですか。(　　)に　記ごうを　書きましょう。

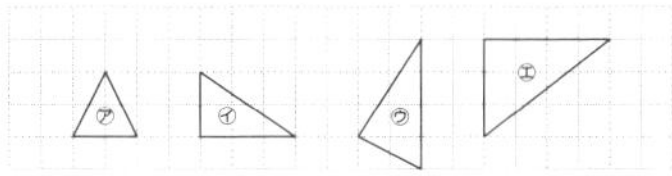

（イ，エ）

3 長方形に　直線を　1本　ひいて，直角三角形を　2つ　作りましょう。

(例)

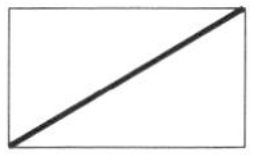

4 正方形に　直線を　2本　ひいて，直角三角形を　4つ　作りましょう。

(例)

81

10 長方形と　正方形
長方形と　正方形 (4)
月　日　なまえ

● つぎの　形を　下の　方がん紙に　かきましょう。

① たて　4cm，よこ 3cmの　長方形

② 1つの　へんの　長さが　5cmの　正方形

③ 5cmの　へんと　3cmの　へんの　間に，直角の　かどが　ある　直角三角形

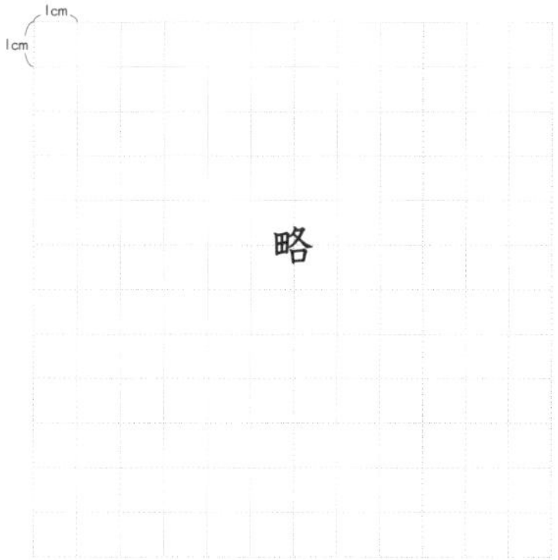

略

P.82

10 ふりかえり・たしかめ (1)
長方形と　正方形
月　日　なまえ

1 (　　)に　あてはまる　ことばや　数を　書きましょう。

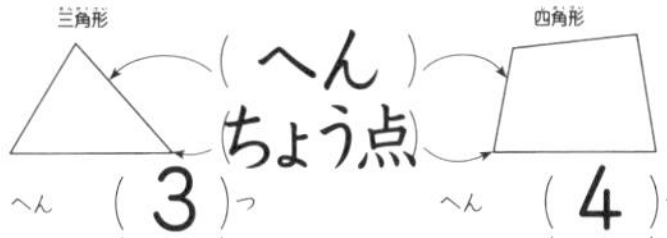

(へん)
(ちょう点)

三角形：へん (3)つ　ちょう点 (3)つ
四角形：へん (4)つ　ちょう点 (4)つ

2 直角は　どれですか。(　　)に　記ごうを　書きましょう。

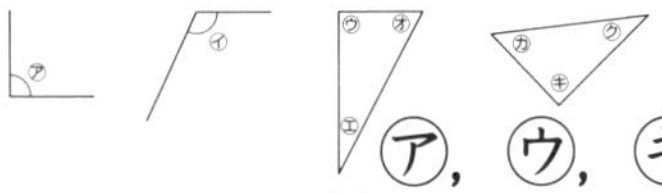

（ア，ウ，キ）

3 つぎの　三角形や　四角形の　名前を　書きましょう。

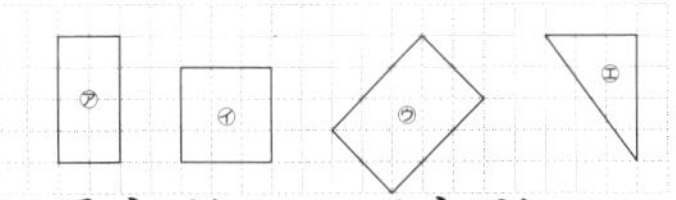

㋐ (長方形)　㋑ (正方形)
㋒ (長方形)　㋓ (直角三角形)

82

10 ふりかえり・たしかめ (2)
長方形と　正方形
月　日　なまえ

1 長方形と　正方形の　どちらにも　あてはまる　文に　○を　つけましょう。

㋐ (　　) 3本の　直線で　かこまれた　形です。
㋑ (○) 4本の　直線で　かこまれた　形です。
㋒ (○) 4つの　かどが，みんな　直角です。
㋓ (　　) 4つの　へんの　長さが　みんな　同じです。

答えは　1つではないよ。

2 つぎの　形を　下の　方がん紙に　かきましょう。
また，㋐の　長方形の　まわりの　長さは　何cmですか。

㋐ たて　4cm，よこ 2cmの　長方形
㋑ 1つの　へんの　長さが　3cmの　正方形
㋒ 2cmの　へんと　4cmの　へんの　間に，直角の　かどが　ある　直角三角形

略

㋐の　長方形の　まわりの　長さ　(12) cm

P.83

10 まとめのテスト
長方形と　正方形
月　日　名前

【知識・技能】

1 (　　)に　あてはまる　ことばを　書きましょう。(5×4)

① 3本の　直線で　かこまれた　形を，(三角形)と　いいます。

② 4本の　直線で　かこまれた　形を，(四角形)と　いいます。

③ 三角形や　四角形で　直線の　ところを　(へん)と　いい，かどの　点を　(ちょう点)と　いいます。

2 長方形，正方形，直角三角形は　どれですか。(　　)に　記ごうを　書きましょう。(5×3)

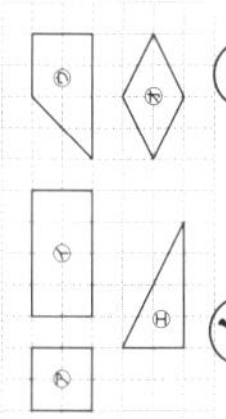

長方形 (イ)　正方形 (ア)
直角三角形 (エ)

3 つぎの　形を　かきましょう。(5×3)

① たて　2cm，よこ 3cmの　長方形

② 1つの　へんの　長さが　2cmの　正方形

③ 4cmの　へんと　3cmの　へんの　間に，直角の　かどが　ある　直角三角形

略　略　略

【思考・判断・表現】

4 長方形と　正方形の　どちらにも　あてはまる　ものを　2つ　えらんで，(　　)に　記ごうを　書きましょう。(5×2)

㋐ 4つの　かどが，みんな　直角
㋑ むかい合って　いる　へんの　長さが　同じ
㋒ 4つの　へんの　長さが　みんな　同じ

(ア)(イ)

5 まわりの　長さは　何cmですか。(10×2)

① 長方形

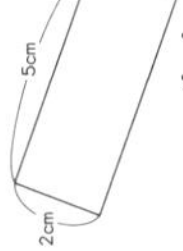

(14cm)

② 正方形

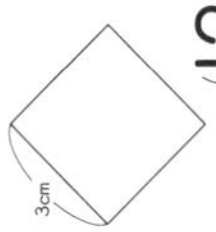

(12cm)

6 下の　長方形に　直線を　1本　ひいて，2つの直角三角形に　分けましょう。(10)

(例)

7 正方形の　紙を，下のように　切って，4つの　三角形を　作りました。できた　三角形は　何という　三角形ですか。(10)

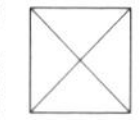

(直角三角形)

83

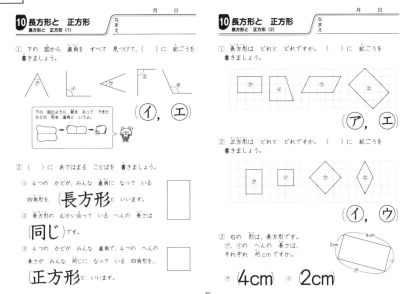

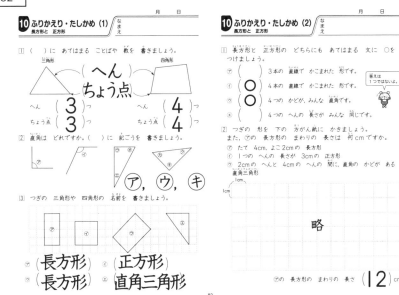

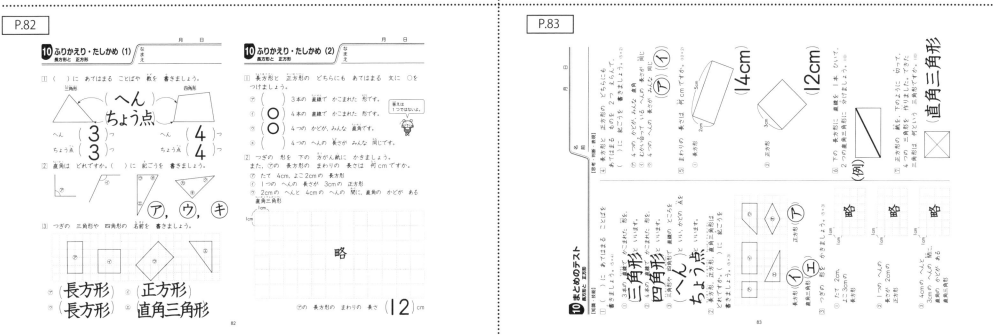

喜楽研 WEB サイト
書籍の最新情報（正誤表含む）は
喜楽研 WEB サイトをご覧下さい。

学校現場では，本書ワークシートをコピー・印刷して児童に配布できます。
学習する児童の実態にあわせて，拡大してお使い下さい。

教科書にそって 学べる

算数教科書プリント 2年 ①
東京書籍版

2023 年 3 月 1 日　　第 1 刷発行

イ ラ ス ト：山口 亜耶 他
表紙イラスト：鹿川 美佳
表紙デザイン：エガオデザイン
企 画・編 著：原田 善造・あおい えむ・今井 はじめ・さくら りこ・中 あみ
中 えみ・中田 こういち・なむら じゅん・はせ みう
ほしの ひかり・堀越 じゅん・みやま りょう（他 4 名）
編 集 担 当：川瀬 佳世

発 行 者：岸本 なおこ
発 行 所：喜楽研（わかる喜び学ぶ楽しさを創造する教育研究所：略称）
〒604-0827　京都府京都市中京区高倉通二条下ル瓦町 543-1
TEL　075-213-7701　FAX　075-213-7706
HP　https://www.kirakuken.co.jp
印　　　刷：創栄図書印刷株式会社

ISBN:978-4-86277-375-3

Printed in Japan